Dörthe Huth

Gute Laune
an jedem Arbeitstag

Dörthe Huth

Gute Laune
an jedem Arbeitstag

Bibliografische Information der Deutschen Nationalbibliothek
Die Deutsche Nationalbibliothek verzeichnet diese Publikation in der Deutschen Nationalbibliografie; detaillierte bibliografische Daten sind im Internet über http://dnb.d-nb.de abrufbar.

ISBN 978-3-86936-875-7

Lektorat: Eva Gößwein, Berlin | www.textstudio-goesswein.de
Umschlaggestaltung: Martin Zech Design, Bremen | www.martinzech.de
Titelfoto: Evgeny Karandaev/Shutterstock
Autorenfoto: Roger Becker, Dorsten
Satz und Layout: Lohse Design, Heppenheim | www.lohse-design.de
Druck und Bindung: Salzland Druck, Staßfurt

www.gabal-verlag.de
www.facebook.com/Gabalbuecher
www.twitter.com/gabalbuecher

Inhalt

Vorwort

Dieses Buch ist vor allem aus einem Grund entstanden: Es soll Ihnen dazu dienen, sich jeden Tag Gute-Laune-Inseln zu schaffen und in guter Stimmung durch den Arbeitsalltag zu kommen. Es ist kein Lehrbuch, sondern ein Buch voller Inspirationen. Sie können es immer wieder hervorholen und die miese Laune Ihrer Arbeitskollegen und Vorgesetzten oder die Ihrer Kunden und Klienten besser einordnen, Ihre eigene schlechte Laune ein Stück weit besser verstehen und sich selbst immer wieder zu guter Laune verleiten lassen.

Glücklicherweise haben Sie dieses Buch zum richtigen Zeitpunkt gefunden. Keine andere Zeit als jetzt könnte besser sein, um jeden Tag ein Stück weit mehr gute Laune zu entdecken. Genau jetzt ist der Moment, um täglich kleine und große Genussmomente zu schaffen und damit die Lebensfreude, die sich so viele Menschen wünschen.

Dieses Buch stellt Ihnen allerlei Wissen und Werkzeuge für eine gute Arbeitsstimmung zur Verfügung, damit Sie es mit Leichtigkeit schaffen, Freude in Ihren Arbeitsalltag zu tragen – für Sie selbst und auch für andere. Das Buch stellt die Sonnenseiten der Arbeit in den Fokus, denn Arbeit kann Freude bereiten, leicht von der Hand gehen und Zufriedenheit mit sich bringen. Sie werden sich auf die Vorzüge Ihrer Arbeit besinnen und diese wieder zu schätzen wissen. Während des Lesens werden Sie intuitiv an den Stellen hängen bleiben, die für Sie derzeit am besten passen. Mit der richtigen Einstellung kann jeder Tipp hilfreich sein. Was man dafür braucht, ist die Lust auf Wohlbefinden und etwas Mut, kleine Veränderungen auszuprobieren. Mit den Tipps und Hinweisen aus diesem Buch müssen Sie nie wieder aufs Wochenende warten!

Wir wollen herausfinden, wie Ihr ganz persönlicher Weg zu mehr guter Laune aussieht. Sie werden erfahren, dass es auch anders geht, und einige wirksame Strategien kennenlernen, die Ihre Stimmung auf der Arbeit nachhaltig verändern. Dabei werden Sie erkennen, dass letztlich jeder von uns die gute Laune nicht für andere versprüht, sondern vor allem für sich selbst.

Die Hinweise, Tipps und Strategien in diesem Buch helfen Ihnen dabei, Ihre Perspektive zu verändern. Dies soll Sie jedoch keine Anstrengungen kosten, vielmehr geht es darum, Achtsamkeit für sich selbst zu entwickeln und mit den eigenen Möglichkeiten zu experimentieren. Dazu benötigen Sie etwas Experimentierfreude. Achtsamkeit hilft Ihnen dabei, genau zu beobachten, wie Sie sich fühlen, wie Sie denken und was Ihnen die gute Laune raubt, und die gute Laune auch wirklich zu genießen, wenn Sie denn da ist.

Auf Ihrem Weg, Ihre gute Stimmung jeden Tag zu genießen, wünsche ich Ihnen viel Erfolg
Ihre Dörthe Huth

Das Haus
der guten Laune

Irgendwo am Rande deiner Welt steht das Haus der guten Laune. Es ist genau dort, wo du es schon fast gar nicht mehr wahrnehmen kannst. An deinem Horizont wirkt es so klein, so unbedeutend, dass du ihm bisher kaum Aufmerksamkeit geschenkt hast.

Das Gute-Laune-Haus ist ein Phänomen. Ständig wechselt es seinen Standort, seine Farbe und seine Form. Manchmal steht es hoch oben auf einem Berg und leuchtet sonnengelb, manchmal schwimmt es auf dem Meer und glänzt in einem satten Pink, dann wieder steht es in der Wüste und funkelt smaragdgrün, oder es steht frei in der Luft und ist in ein wolkiges Weiß getaucht. Das Haus selbst kann groß sein oder klein, schlicht oder komfortabel, eine Villa oder ein Vogelhaus.

Hin und wieder wird das Haus ganz blass und hält Türen und Fenster geschlossen. Es hat lange nicht aufgeräumt und geputzt, nun muss es sich wieder neu ordnen. Weil das viel Arbeit ist, ist das Gute-Laune-Haus eine Weile nicht so recht ansprechbar. »Lasst mich alle in Ruhe«, grummelt es vor sich hin, »heute ist nicht mein Tag«. Die Tür macht es erst gar nicht auf, wenn es klingelt. So verpasst es die neue Nachbarin, den Paketboten und sogar einen guten Freund. Heute ist dem Haus das ganz egal, aber schon morgen wird es darüber traurig sein.

Dieses Haus bist du selbst!

Wir alle können viele verschiedene Erscheinungsformen annehmen. Wenn die gute Laune gerne in deinem Haus sein soll, solltest du gut für dein Gute-Laune-Haus sorgen, die Nachbarschaft pflegen, den Garten in Ordnung halten, den Anstrich nach deinen Wünschen gestalten und das Haus auch im Inneren in Ordnung halten.

Suche deinen Horizont nach deinem Gute-Laune-Haus ab, dann wirst du es entdecken. Beim näheren Hinsehen ist es gar nicht so klein, wie es vielleicht erst den Anschein hat. Es lohnt sich, eine Wanderung dorthin zu unternehmen. Nimm seine Farbe und seine Form wahr, schau dir die Umgebung an, in der es steht, und gib ihm Raum, zu wirken.

I.
Arbeit bereichert
das Leben

Einen Großteil unserer Zeit verbringen wir am Arbeitsplatz. Auch dort wollen wir uns gut und lebendig fühlen.
In diesem Kapitel erfahren Sie die wichtigsten Faktoren, die
unsere Stimmung beeinflussen, und welche Auswirkungen
gute oder schlechte Laune auf uns selbst und auf andere
Menschen hat. Wenn Sie sich vergegenwärtigen, was Ihre
Stimmung beeinflusst, gelangen Sie zu einem größeren
Verständnis für sich selbst und auch für andere. Aber nicht
nur das: Mit dem Verständnis gewinnen wir meist auch
andere Möglichkeiten der Bewertung dieser Ereignisse.
Und eine andere Bewertung ermöglicht einen größeren
Handlungsspielraum.

In der Warteschleife

Vor der Arbeit husche ich noch schnell in den Supermarkt um die Ecke, lege ein paar Teile in den Einkaufswagen und stelle mich an der Kasse an. Vor mir stehen drei Kunden, sie alle haben nicht viel auf das Laufband gelegt. Die Kassiererin macht ein Gesicht wie drei Tage Regenwetter und hält bei jedem dritten Artikel inne, um ihre Kollegin an Kasse 2 nach dem Preis zu fragen. Kurz bevor der Herr vor mir bezahlen kann, wendet sie sich wieder an ihre Kollegin. Bei dem Gespräch, das ich zwangsläufig mitverfolge, geht es um rot gefärbte Haare, gute Wimperntusche, die Anni und ihren Auftritt am Samstag. Weder verabschiedet sie den Kunden vor mir noch ringt sie sich mir gegenüber ein »Guten Morgen« ab.

Ich bin etwas erstaunt über die Szene, weiß aber noch nicht, ob mich das Ganze eher amüsiert oder ärgerlich macht. Einerseits ist es spannend, wie die Kassiererin es schafft, die Kunden auszublenden und wie Luft zu behandeln, andererseits ist die ganze Sache für mich ein bisschen unangenehm, denn der Herr hinter mir würde die Sache gern beschleunigen und schiebt mir den Einkaufswagen gegen meine Beine. Gerade als ich mich für den Ärger entscheiden möchte, ringt sich die Verkäuferin ein gequältes Lächeln ab, das mich kurzfristig beschwichtigt, wobei sie lustlos einen meiner Artikel über den Scanner zieht. Dabei nutzt sie bereits die nächste Gelegenheit, das Gespräch mit ihrer Kollegin über meinen Kopf hinweg fortzusetzen. Beim nächsten Mal gehe ich sicherlich woanders einkaufen.

Ich setze mich ins Auto und fahre Richtung Autobahn. Mein Weg führt mich mitten durch das Ruhrgebiet, wo sich ein Stau an den anderen reiht. Normalerweise bräuchte ich nur etwa 20 Minuten für die Anfahrt zu meinem Termin, doch plane ich schon immer eine Dreiviertelstunde Fahrtzeit ein. Weder ist heute ein Ferien- noch ein Feiertag, dennoch berichtet der Radiomoderator von 610 km Stau im gesamten Ruhrgebiet. Das klingt beeindruckend und keine Minute später komme ich abrupt zum Stehen. Um mich herum quietschen die Bremsen, Fahrer schimpfen wild gestikulierend auf andere Fahrer, der Geruch von abgeriebenen Reifen dringt durch die Lüftung. Nichts geht mehr. Als wir nach einer gefühlten halben Stunde wieder anfahren, gelange ich schnell zu der Erkenntnis, dass ich mir wieder einmal die Fahrspur ausgesucht habe, auf der es am langsamsten vorangeht. Ich muss mir eingestehen, dass ich heute schon vor Arbeitsbeginn genervt bin.

 Mein Beruf und ich

Was ist Ihnen an Ihrem Beruf wichtig?
Was motiviert Sie?
Sind Sie mit Ihren Stimmungen zufrieden oder möchten Sie öfter gute Laune haben?
Wer oder was beschert Ihnen im Beruf eine gute Stimmung?

Arbeitszeit ist kostbare
Lebenszeit

Manchmal erscheint uns der Arbeitsalltag nervenaufreibend und anstrengend, dann wieder interessant und erheiternd, manchmal aber auch einfach nur langweilig und trist. So wie der Alltag mit seinen täglichen Herausforderungen auf uns wirkt, schwanken häufig auch unsere Stimmungen. An manchen Tagen geht uns alles locker von der Hand und die Dinge gelingen mit spielerischer Leichtigkeit. Und da gibt es diese anderen Tage, an denen man lieber im Bett bleiben und sich die Decke über den Kopf ziehen würde.

Viele Berufstätige verbringen mehr als ein Drittel des Tages an ihrem Arbeitsplatz und ein großer Teil von ihnen sehnt die ganze Woche hindurch den Feierabend, das Wochenende oder den nächsten Urlaub herbei. Ein Teil davon hat wenig Lust auf die Arbeit, erlebt die Berufstätigkeit als unbefriedigend und teilweise sogar als sinnlos. Das führt auch dazu, dass diese Menschen sich schnell ausgelaugt und gestresst fühlen und die Laune in einem Dauertief mündet. Allerdings wünschen sich die meisten von uns, den Arbeitstag kooperativ, kreativ und motiviert zu verbringen und am Ende auch noch mit guter Laune nach Hause zu gehen. Uns bleibt also gar nichts anderes übrig, als neue Wege zu finden, die Arbeit so zu gestalten, dass sie Freude macht und die gute Laune sich auch mal aus ihrem Schneckenhaus traut.

Gute Laune, Leichtigkeit und Wohlfühlen – wir haben viele Möglichkeiten, das Arbeitsleben zu gestalten, die Rahmenbedingungen zu verbessern, den Wohlfühlfaktor zu erhöhen und positive Entwicklungen zu unterstützen. Jede Minute, die wir ungern am Arbeitsplatz verbringen, ist eine Verschwendung von Lebenszeit. Vielleicht ist Ihr Chef unfähig, Ihre Kollegen nerven ganz gewaltig oder Sie bekommen schlichtweg viel zu wenig Lohn für den Job, den Sie täglich erledigen? Natürlich bestimmt die berufliche Tätigkeit unser gesamtes Leben zu einem Großteil mit.

Lassen Sie uns in den folgenden Kapiteln erschließen, wie man sich im Arbeitsalltag gut fühlen kann – auch wenn die Bedingungen nicht die besten sind. Schließlich ist auch die Arbeitszeit kostbare Lebenszeit.

Steve Jobs soll einmal gesagt haben: »In den letzten 33 Jahren habe ich jeden Morgen in den Spiegel geschaut und mich gefragt: ›Wenn heute der letzte Tag meines Lebens wäre, würde ich auch das machen wollen, was mir heute bevorsteht?‹ Und wenn die Antwort für zu viele Tage am Stück ›Nein‹ lautete, wusste ich, dass ich etwas ändern musste.«

Für wen sich die Beschäftigung mit der guten Laune lohnt

Wenn Sie sich in einigen der folgenden Aussagen wiedererkennen, lohnt es sich für Sie ganz besonders, sich mit diesem Buch zu beschäftigen:

- ◆ »Ich möchte den Tag in guter Stimmung verbringen.«
- ◆ »Ich lasse mich leicht von den negativen Schwingungen beeinflussen, die andere ausstrahlen.«
- ◆ »Ich neige dazu, mir Sorgen über alles Mögliche zu machen.«
- ◆ »Ich leide unter der täglichen Anspannung und Hektik im Beruf, die mich leicht gereizt reagieren lässt.«
- ◆ »Meine schlechte Laune hat negative Auswirkungen auf andere, wie Arbeitskollegen, Kunden/Klienten/Patienten oder meine Familie.«
- ◆ »Ich leide unter den Stimmungsschwankungen anderer, besonders unter denen meines direkten Kollegen/ Vorgesetzen.«
- ◆ »Ich bin unzufrieden mit meiner beruflichen Situation und das hat Auswirkungen auf mein ganzes Leben.«
- ◆ »Ich habe den Eindruck, mein wirkliches Leben kommt neben der Arbeit viel zu kurz.«
- ◆ »Meine Grundstimmung ist negativ, aber ich wünsche mir eine positive Grundhaltung für den Arbeitsalltag und mein Denken insgesamt.«

Kurze Gebrauchsanweisung
für dieses Buch

Neben den Sachinformationen zum Thema »gute Laune am Arbeitsplatz« finden Sie in diesem Buch auch jede Menge Erzählungen, Haltestellen und Übungen. Hier erfahren Sie, was es damit auf sich hat.

Die Erzählungen

Sie finden in diesem Buch einige Erzählungen und Fallbeispiele. Einige sind genauso geschehen, andere sind auf ähnliche Weise passiert. Manchmal erzähle ich einem Klienten eine solche Geschichte, wenn er sich in seiner Situation festgefahren fühlt und Anregungen braucht, um weiterzukommen. Häufig gibt es Anknüpfungspunkte, die sich mit etwas Humor auch auf die eigene Situation übertragen lassen, sodass man aus einem neuen Blickwinkel heraus die eigene Lage etwas anders bewerten kann.

Manche Geschichten erzählen davon, wie man sich fühlt, wenn man im Arbeitsleben mit schlecht gelaunten Personen zu tun hat oder sich ihnen sogar ausgeliefert fühlt, wie zum Beispiel in den Geschichten »Sehnsucht nach heiler Welt« oder »Unter dem Radar«. Andere berichten davon, wie es ist, wenn man sich dem Leistungsdruck nicht mehr beugen möchte, wie in »Ausbruch von zu Hause«, oder das Privatleben jemanden so aus der Bahn wirft, dass man sich erst wiederfinden muss, wie in der Geschichte »Wenn das Private das Berufliche belastet«.

 Die Haltestellen

An vielen Stellen des Buches finden Sie eine Haltestelle. Die Haltestelle dient dazu, innezuhalten, sich einige Fragen zum Selbstcoaching zu stellen und einen Sachverhalt aus verschiedenen Blickwinkeln zu betrachten. Bestimmte Fragen sind hilfreich, weil wir uns mit ihnen neue Perspektiven erschließen können und auf diese Weise in eine bessere Stimmung gelangen. Sie können die Haltestellen auch nutzen, um die Fragen mit einem Kollegen, in Ihrem Team oder auch mit einem Freund zu besprechen. Das ist besonders interessant, wenn man auch an anderen Blickwinkeln interessiert ist.

In welche Richtung wir unsere Gedanken entwickeln, haben wir selbst in der Hand. Stellen Sie beispielsweise Fragen wie die folgenden:

- Was gefällt mir an meiner Arbeit?
- Worüber könnte ich mich freuen, wenn ich die negativen Aspekte einmal ausblende?

 Die Übungen

Die Übungen sind etwas ausführlicher beschrieben als die Haltestellen und nehmen auch etwas mehr Zeit in Anspruch. Sie können Sie immer wieder einmal durchführen, denn zu jedem Zeitpunkt kann man sie anders erleben. Eine Übung finden Sie jeweils am Kapitelende, doch es gibt auch einzelne Übungen innerhalb der Kapitel.

Gute Laune
versus schlechte Laune

Fröhlich, frei und leicht – gute Laune verändert alles. So schnell, wie sie gekommen ist, ist sie auch schon wieder verschwunden. Trotzdem hinterlässt ihr Besuch Spuren von Fröhlichkeit, Freude und Optimismus. Das ganze Leben sieht plötzlich ein kleines bisschen interessanter, spannender und wunderbarer aus. Gute Laune wirkt sich sofort auf die Menschen aus, mit denen wir es gerade zu tun haben. »Nichts in der Welt wirkt so ansteckend wie Lachen und gute Laune«, so der Schriftsteller Charles Dickens. In dem Moment, in dem wir innerlich und äußerlich lächeln, empfangen wir Energie, werden tatkräftig und einfallsreich.

Aber kein Mensch kann 24 Stunden am Tag glücklich sein und gute Laune versprühen. Zu viel Frohsinn, Freude und Glück kann auch Nebenwirkungen haben und zu Übermut und Leichtsinn führen. Denn wer einen Tag voller Hochgefühl erlebt, kann vielleicht Gefahren nicht richtig erkennen oder neigt im Überschwang zu Fehleinschätzungen. Zudem mag man sich in einem solchen Gefühlshoch nicht auf tiefergehende Schwierigkeiten und Probleme einlassen. Erst die Wechsel der Stimmung sorgen für eine flexible Anpassung an die jeweilige Situation und schaffen die emotionale Grundlage, diese zu bewältigen.

Allerdings können einem schwierige Arbeitsbedingungen, anstrengende Kollegen, sinnlose Tätigkeiten oder mangelnde Anerkennung die Laune zwischenzeitlich auch mal so richtig vermiesen. Äußere Reize – das schlechte Wetter, Hitze oder Kälte, schlechte Gerüche, der Geräuschpegel – können ebenso dazu führen, dass sich die Stimmung verändert, wie sorgenvolle Gedanken.

Doch ob Freude, Angst oder gute Laune, all unsere Stimmungen haben ihren Ursprung im Gehirn. Die aktuelle Stimmung resultiert aus einem Wechselspiel zwischen der Person selbst und ihren Arbeits- und Lebensbedingungen. Der römische Schriftsteller und Philosoph Seneca, der etwa zur gleichen Zeit wie Christus geboren sein soll, konstatierte in seiner Abhandlung »Über die Ausgeglichenheit der Seele«: »Endlich gibt es noch zahlreiche Erscheinungsformen des Charakterfehlers, aber nur eine Folge: schlechter Laune zu sein.«

Was die Stimmung beeinflusst

Werfen Sie einmal einen Blick auf die Liste der Einflussfaktoren, die unsere Laune von jetzt auf gleich verändern können. Es sind eine ganze Menge! Viele davon sind nicht immer offensichtlich, sondern wirken im Hintergrund fleißig mit. Die Tabelle soll Sie anregen, sich mit Ihrer eigenen Situation auseinanderzusetzen und die für Sie relevanten Einflussfaktoren ausfindig zu machen.

Äußere Faktoren	Innere Faktoren
Wetter: Hitze, Kälte, Regen, die Jahreszeit	**Eigenwahrnehmung:** Wie denke ich über mich selbst? Über mein Aussehen, mein Verhalten, Stärken und Schwächen?
Beziehungen zu anderen Menschen: zum Partner, den Kindern, Eltern, Freunden, Arbeitskollegen, Nachbarn	**Erwartungen:** Welche Erwartungen habe ich an mich selbst?
Arbeit: Arbeitsinhalte, Arbeitsumgebung, Betriebsklima, die berufliche Position, Weiterentwicklungsmöglichkeiten, Karrieremöglichkeiten	**Werte:** Welche Werte sind mir wichtig? Karriere, Erfolg, Familie, Spiritualität
Finanzielle Situation: Einkommen, Besitz, Arbeitslohn	**Ängste und Sorgen:** z. B. Angst vor Arbeitslosigkeit, vor dem Alleinsein, Geldsorgen
Wohnsituation: Lage der Wohnung, die Wohnung selbst, Gemütlichkeit	**Bewertung:** Welchen Stellenwert räume ich Ereignissen ein?
Freizeit und Erholung	**Einstellung:** Offenheit, Verständnis, Empathie

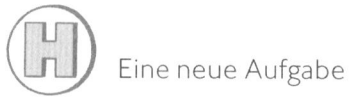 Eine neue Aufgabe

Überlegen Sie kurz einmal, wie sich Ihre Wahrnehmung, Ihr Umgang mit Kollegen oder auch Ihre Motivation verändern, wenn Sie eine neue Aufgabe übertragen bekommen. Wie geht es Ihnen damit, wenn Sie gut gelaunt sind – und wie geht es Ihnen damit, wenn Sie schlecht drauf sind?

Auch schlechte Laune hat ihre Vorzüge

Ein Gutgelaunter hat es gut. Gute Laune ist Balsam für die Seele, das Leben ist bunter, schöner und besser. Leider entgeht aber denjenigen, die niemals schlecht gelaunt sind, auch eine ganze Menge. Schlechte Laune gehört zum Leben ebenso dazu, wie Misserfolge, Ärger und Frustrationen – und auf der anderen Seite Liebe, Freude und Glück.

Sicher kennt das jeder: Da betritt jemand den Raum und die Stimmung wird auf einmal frostig. Jedem Anwesenden ist sofort klar, dass man diese Person besser in Ruhe lässt oder, sofern man dies nicht tut, in der Konsequenz eventuell einen Querschläger abbekommt. Es gibt Menschen, die können das Klima allein durch ihre Präsenz vergiften. Die miese Stimmung überträgt sich direkt auf die anderen Anwesenden. Auf der Arbeit reicht häufig schon ein Miesepeter, um alle anderen in

Deckung gehen zu lassen. Einige schaffen es sogar, bei anderen Motivation, Kreativität und Freude an der Arbeit ganz versiegen zu lassen.

Forscher der University of Florida haben nachgewiesen, dass Menschen, die am Arbeitsplatz mit unfreundlichem Verhalten konfrontiert sind, sich davon anstecken lassen und es auch weitergeben. In der Studie wurden 90 Doktoranden beobachtet, die mit Kommilitonen verhandelten. Dabei fiel auf, dass diejenigen, die ihren Gesprächspartner als »unfreundlich« bewertet haben, häufiger vom nachfolgenden Gesprächspartner selbst als unfreundlich eingeschätzt wurden.

Wer zur rechten Zeit die passende Laune hat, ist klar im Vorteil. Was nutzt dem nettesten Menschen seine gute Laune, wenn er sich das Büro mit einem Stinkstiefel teilen muss und diesem nichts entgegensetzen kann? Es gibt auch Dinge, die wir nicht beeinflussen können. Wer sich damit arrangieren kann und sich den Umständen flexibel anpasst, dessen Stimmungsbarometer steigt auch gleich wieder. Wenn wir auch negative Stimmungen als »ganz normal« betrachten, kann das Leben entspannter sein. Erst die Wechsel zwischen Sonne und Regen machen die eigentliche Würze des Lebens aus.

Rundreise durch meine Stimmungsthemen

Dieses Buch möchte Sie dabei unterstützen, so viel positive Energie aufzunehmen, dass Sie sich gut fühlen können, wenn Sie sich gut fühlen wollen. Schließlich möchte jeder neben der Arbeit noch genug Energie für die Familie und andere Aktivitäten haben. Mit dem folgenden Fragebogen werden verschiedene Stimmungs-Aspekte betrachtet. Beantworten Sie die Fragen möglichst ehrlich mit »Eher ja« oder »Eher nein«. Am Ende erfahren Sie in der Auswertung, auf welche Aspekte Sie beim Lesen dieses Buches besonders achten sollten.

		Eher ja	Eher nein
1	Wenn ich schlecht drauf bin, sollten andere mir besser aus dem Weg gehen.	☒	☐
2	Eine negative Arbeitsatmosphäre drückt mir aufs Gemüt.	☐	☒
3	Hin und wieder überkommt mich schlechte Laune, ohne dass ich dafür einen Grund erkenne.	☐	☒
4	Wenn mein Chef etwas an mir oder meiner Arbeit auszusetzen hat, belastet mich das.	☐	☒
5	Ich erzähle Kollegen und Vorgesetzten nicht so gerne von meinen Problemen.	☒	☐
6	Meine Launen habe ich nicht immer so im Griff, wie ich es gerne hätte.	☒	☐
7	Die Arbeitsabläufe an meinem Arbeitsplatz sollten verbessert werden.	☒	☐
8	Die schlechte Laune von Kollegen irritiert mich schnell.	☐	☒
9	Zu unangenehmen Arbeitsaufgaben kann ich mich nur schwer motivieren.	☒	☐

		Eher ja	Eher nein
10	Sind Kunden oder Klienten unhöflich zu mir, verunsichert mich das.	☐	☒
11	Ich höre öfter, ich sei empfindlich bzw. eine Mimose.	☐	☐
12	Wenn es in der Firma mal kracht, weiß ich nicht so recht, wie ich mich verhalten soll.	☐	☐
13	Die Firma sollte mehr dafür tun, dass es den Mitarbeitern besser geht.	☒	☐
14	Mein Status ist mir wichtig und ich möchte auch gut bezahlt werden. Dafür bin ich bereit, die entsprechende Leistung zu erbringen.	☐	☐
15	Manchmal weiß ich einfach nicht, wohin mit meiner negativen Ladung.	☒	☐
16	Andere Menschen interessieren mich sehr, aber ich weiß oft nicht, wie ich mit ihnen umgehen soll.	☐	☒
17	Manchmal habe ich ein schlechtes Gewissen, weil ich Ärger an Kollegen auslasse.	☐	☒
18	Die Führungskräfte sollten besser auf die Mitarbeiter eingehen.	☒	☐
19	Ich mag es am liebsten harmonisch.	☒	☐
20	Arbeitsprobleme belasten mich auch in der Freizeit	☒	☐
21	Ich grüble zu viel über das, was nicht funktioniert.	☒	☐
22	Man muss sich vor Kollegen und Vorgesetzten in Acht nehmen.	☒	☐
23	Meine Kollegen sollten mehr dafür tun, dass sich die Arbeitsatmosphäre verbessert.	☒	☐
24	Manchmal kreisen meine Gedanken um viele negative Dinge.	☒	☐
25	Ich würde meine Gedanken und Gefühle gerne besser steuern können.	☐	☒
26	Viele Dinge ließen sich auf der Arbeit vereinfachen.	☒	☐
27	Bei uns in der Firma ist schlechte Laune verbreitet.	☒	☐

28 Ich bin zu allen möglichst nett und höflich und immer hilfsbereit. ☒ ☐

29 Ich kann Niederlagen schlecht wegstecken. ☒ ☐

30 Im Arbeitsalltag laufe ich häufig auf Hochtouren. ☒ ☐

Auswertung

Die Aussagen sind den drei Bereichen A, B, und C zugeordnet:

A: 3, 6, 9, 15, 17, 21, 24, 25, 29, 30

B: 2, 4, 8, 10, 12, 16, 19, 22, 27, 28

C: 1, 5, 7, 11, 13, 14, 18, 20, 23, 26

Zählen Sie zusammen, wie häufig Sie jeweils eine A-, B- oder C-Aussage bejaht haben. Falls Sie in einem Bereich deutlich mehr Ja-Antworten angekreuzt haben als in den anderen, ist dieser am wichtigsten für Sie. Haben Sie in zwei Bereichen oder in allen eine ähnliche Punktzahl erreicht, sind beide Bereiche bzw. alle drei interessant für Sie.

A: Wie gehe ich mit meinen Stimmungen um?

Die A-Fragen beschäftigen sich damit, wie wir mit der eigenen Stimmung umgehen. Wenn Sie hier oft Ja angekreuzt haben, wissen Sie offenbar manchmal selbst nicht so recht, woher ein Stimmungswechsel kommt und wie Sie mit Ihren Stimmungen umgehen können. Besonders interessant könnten für Sie daher die Kapitel

1 bis 3 sein. Probieren Sie besonders die Übung »In die Launen hineinspüren« am Ende dieses Kapitels sowie »Meine Stimmungsampel« am Ende des zweiten Kapitels aus. Auch die Übung am Ende des dritten Kapitels, »Schreibkontakt mit der eigenen Stimmung«, ist für Sie empfehlenswert.

B: Wie gehe ich mit den Stimmungen anderer um?

Die B-Fragen beschäftigen sich damit, wie die Stimmungen anderer sich auf Sie auswirken. Wenn Sie häufig B-Fragen bejaht haben, deutet das darauf hin, dass Sie in diesem Buch ein besonderes Augenmerk auf das Kapitel 5 legen sollten. Darin geht es darum, wie man selbstbestimmt bleibt, auch wenn die Stimmung um einen herum mies ist. Konflikte gehören zum Arbeitsleben dazu, sie sollten den Arbeitsalltag jedoch nicht dominieren. Probieren Sie einmal die Übung »Die Situation von außen betrachten« in der Mitte des fünften Kapitels aus sowie die Übung am Ende des Kapitels, die den Blick auf das Positive lenkt, indem Sie »Gut gelaunte Kollegen entdecken«. Damit es Ihnen leichter fällt, bei sich selbst zu bleiben, nutzen Sie auch das Kapitel 6. Atmen Sie durch, auch wenn andere Sie ärgern, und lassen Sie sich Ihre eigene Stimmung nicht von anderen vermiesen. Dazu trägt auch die Übung »In die Launen hineinspüren« am Ende dieses Kapitels bei.

C: Wie zufrieden bin ich mit dem Betriebsklima und den Arbeitsbedingungen?

Die C-Fragen beschäftigen sich mit Ihrer Zufriedenheit mit dem Betriebsklima und mit Ihren Arbeitsbedingungen. Haben

Sie viele C-Fragen mit »Eher ja« beantwortet, sind die Kapitel 4, 8 und 9 besonders interessant für Sie. Stellen Sie Ihr Leistungsdenken einmal auf den Prüfstand sowie die Arbeitsbedingungen, unter denen Sie arbeiten. Wie es scheint, sind Sie damit nicht ganz zufrieden. Prüfen Sie, ob sich eventuell noch einmal ein Anlauf lohnt, Veränderungen anzuregen. Besonders, wenn Sie bereits Führungskraft sind oder eine höhere Position anstreben, lohnt sich der Blick in das achte Kapitel. Sie können in Ihrem Team anregen, einmal das »Stimmungs- bzw. Moodboard« aus Kapitel 8 auszuprobieren. Erleben Sie, wie sich Ihre Stimmung verändert, wenn Sie »Anderen viel gönnen«, wie in der Übung am Ende des siebten Kapitels.

In die Launen hineinspüren

Mit dieser Übung werden Sie sich bewusst, wie gute oder schlechte Laune auf körperlicher und seelischer Ebene wirken. Dadurch können Sie auch aktiv gute Laune spüren. Ein Zettel auf dem Boden dient dabei als »Anker« für bestimmte Zustände.

So funktioniert's

1. Nehmen Sie sich etwas Zeit und sorgen Sie dafür, dass Sie ungestört sind.
2. Schreiben Sie auf einen Zettel mit großen Buchstaben »gute Laune« und auf einen anderen »schlechte Laune«.

3. Legen Sie die beiden Zettel mit der Schriftseite nach oben auf den Fußboden.
4. Stellen Sie sich abwechselnd auf den einen und dann auf den anderen Zettel:
   ◇ Auf dem Zettel für »schlechte Laune« denken Sie einmal an eine Situation zurück, in der Ihre Stimmung schlecht war. Was dachten Sie in dieser Situation, wie waren Ihre Körperreaktionen und welche Gefühle gingen mit dieser Situation einher?
   ◇ Dann stellen Sie sich auf den Zettel für »gute Laune« und denken an eine Situation zurück, in der Sie richtig gute Laune verspürt haben. Wie waren Ihr Denken, Ihr Fühlen und Ihre Körperempfindungen?
5. Stellen Sie sich nun vor beide Zettel und spüren einmal Ihren aktuellen Empfindungen nach: Was denken Sie, was fühlen Sie, was fällt Ihnen jetzt gerade dazu ein? Wie verändert sich Ihre Haltung, wenn Sie auf dem einen oder dem anderen Zettel stehen?

Wenn Sie die Übung öfter machen möchten, können Sie auch zwei Stühle als »Anker« nutzen, einen Gute-Laune-Stuhl und einen Schlechte-Laune-Stuhl. Wenn Sie beispielsweise wieder einmal bessere Stimmung haben möchten, setzen Sie sich in den Gute-Laune-Stuhl und spüren all den Empfindungen nach, die damit einhergehen.

2.
Sich im Arbeitsalltag lebendig fühlen

Dieses Kapitel stellt eine Verbindung zwischen der Stimmung und der Arbeit her. Ein positives Verhältnis zum eigenen Job zu finden, fällt nicht immer leicht. Nicht selten fühlen wir uns als Opfer der äußeren Umstände, schwieriger Kollegen oder schlichtweg des Zwangs, Geld zu verdienen. Gerade wenn man sich fremdbestimmt fühlt, ist es hilfreich, sich bewusst zu machen, was einen von innen heraus zur Arbeit motiviert. Da jeder Mensch unterschiedlich ist, braucht auch jeder seine eigenen, ganz individuellen Strategien, um sich im Arbeitsalltag lebendig zu fühlen.

Sehnsucht nach heiler Welt

Nicole geht jeden Morgen mit einem flauen Gefühl zur Arbeit. Wenn der Wecker klingelt, würde sie am liebsten liegen bleiben. Das geht nun schon seit zwei Jahren so, seitdem Herr Martens den Chefposten eingenommen hat. Über die Jahre hat sie sich jedoch auch ein Anrecht auf Sonderkonditionen, bezahlte Fortbildungen und eine Betriebsrente erarbeitet – das will sie sich nicht entgehen lassen. Und nur so kann sich ihre Familie das schöne Einfamilienhaus in der schicken Gegend leisten. Die Umzugskartons stehen schon bereit, morgen ist es endlich so weit. Wenn Nicole an das Häuschen denkt und an die netten Nachbarn, von denen sie einige schon kennengelernt hat, ist ihre Freude grenzenlos. Eigentlich könnte sie den ganzen Tag gut gelaunt sein, doch die Zusammenarbeit mit Martens an diesem letzten Tag vor ihrem Urlaub ist wieder einmal eine Qual. Manchmal sogar so sehr, dass sich ihr der Magen umdreht und ihr ganz übel wird.

Martens kommt immer pünktlich um neun. Beim Reinkommen murmelt er mit gesenktem Kopf irgendetwas, was ein Morgengruß sein könnte. Damit beginnt das immer gleiche morgendliche Spiel: Martens geht in sein Büro, legt seine Aktentasche ab und seinen Mantel, dann sieht er die Post und die E-Mails durch. Es dauert nicht lange, bis er in ihr Büro kommt und Anweisungen gibt wie »Stellen Sie mir eine Verbindung zu Wallert her« oder »Der Ruppert soll hochkommen«. In all den Monaten, in denen sie nun zusammenarbeiten, hatte er nicht ein freundliches Wort für sie übrig und sprach auch nie über Privates. All die mürrische Arroganz, die Überheblichkeit ihr gegenüber. Sie fühlt sich als Untergebene. Das macht ihr zu schaffen und trifft diese kleine Lücke in ihrem Selbstbewusstsein, von der sie selbst lange nichts gewusst hat. Sie atmet dann erst einmal tief in den Bauchraum ein und wieder aus, wie sie im Selbstbewusstseins-Seminar gelernt hat, und schaut anschließend eine Minute lang aus dem Fenster, um wieder etwas Abstand zu gewinnen. Das macht sie auch heute. Dann stellt sie sich vor, wie es wohl in dem neuen Haus sein wird: Sie wird ihren Nachbarn zur Linken mit Zucker aushelfen, mit den jungen Leuten zur Rechten ein Pläuschchen über den Gartenzaun halten und mit dem Ehepaar gegenüber, von dem sie bisher nur die Frau kennengelernt hat, vielleicht mal einen Kaffee trinken. Diese Vorstellung bringt sie durch den Tag. Gegen 17 Uhr packt sie ihre Sachen, klopft an Martens Tür, öffnet sie vorsichtig und verabschiedet sich. Martens blickt nur kurz auf und nickt, ohne eine Miene zu verziehen. Beim Hinausgehen atmet Nicole auf, ein Gefühl von Freiheit überkommt sie.

Der Umzug dauert den ganzen nächsten Tag. Nicole fährt einige Male hin und her, muss noch die Übergabe der alten Wohnung vorbereiten. Gegen 18 Uhr parkt sie dann endlich in der Einfahrt vorm neuen Haus. Die Dame von gegenüber winkt ihr zu. Genauso nett hat sie sich das Leben hier vorgestellt. Aus den Augenwinkeln sieht sie, wie ein grüner Mercedes in ihre Straße einbiegt. Kurz zuckt sie zusammen, doch sie verscheucht die unangenehme Assoziation zum Auto ihres Chefs gleich wieder. Als sie die Stufen zum Haus hinaufgeht, hört sie, dass der Wagen direkt hinter ihr zum Stehen kommt. An der Tür dreht sie sich noch einmal um. Der Mercedes hält unter dem Carport beim Haus gegenüber. Ein Mann steigt aus. Es ist Martens.

In welcher Stimmung gehen Sie zur Arbeit und wie verändert sich Ihre Stimmung im Laufe des Tages?

Wann haben Sie sich bei der Arbeit das letzte Mal so richtig lebendig gefühlt?

Wie und wann zeigt sich Ihre gute Laune am Arbeitsplatz?

Welche Aufgabe hat Sie zuletzt so richtig erfüllt und was können Sie dafür tun, diese Erfüllung wieder einmal zu erleben?

Warum haben Sie diesen Beruf gewählt, was waren damals Ihre Ziele und welche Ziele haben Sie heute?

Leben, um zu arbeiten, oder arbeiten, um zu leben?

Ein nicht unerheblicher Anteil der Arbeitszeit verstreicht, ohne dass er produktiv genutzt wird. Einigen Schätzungen zufolge könnte das bei Bürojobs sogar bis zu 25 Prozent der bezahlten Arbeitszeit betreffen. Die Ursachen mangelnder Motivation und Produktivität sind vor allem ein schlechtes Arbeitsklima. Ob nun generell eine miese Stimmung herrscht oder ein einzelner Stinkstiefel den anderen die Arbeit madig macht, in beiden Fällen verringern sich die Kreativität und die Produktivität der Mitarbeiter, der Krankenstand steigt und es entstehen mehr Arbeitsausfälle. Nicht selten steht bei einem Jobwechsel gar nicht so sehr der finanzielle Vorteil im Vordergrund, sondern der Wunsch nach einem besseren Arbeitsklima.

Jeder Mensch ist einzigartig und hat ganz individuelle Interessen, Begabungen und Bedürfnisse. Das gilt nicht nur für die Partnerschaft, die Freizeitgestaltung oder die Kinderziehung, sondern auch für berufliche Belange. Je mehr Möglichkeiten wir uns auch im Beruf für Freude, Genuss und gute Laune schaffen, umso mehr gewinnen wir insgesamt an Lebensqualität. Nicole aus der Geschichte »Sehnsucht nach heiler Welt« scheint das nicht gelungen zu sein. Ihr Chef macht ihr das Leben schwer, sodass sie sich auf Dauer überlegen sollte, sich entweder eine andere Stelle zu suchen oder Möglichkeiten zu finden, mit der schlechten Stimmung klarzukommen, die ihr Chef verbreitet. Sie könnte beispielsweise aktiv das Gespräch mit ihm suchen, um eine bessere Kommunikationsebene zu finden.

Die eigene Laune selbst steuern

Allzu oft vergessen wir, dass wir selbst für unsere Stimmung verantwortlich sind. Häufig genug lassen wir uns von unseren Mitmenschen, den Ereignissen oder Sorgen und Befürchtungen einfach mitreißen. Der griesgrämige Gesichtsausdruck des Kollegen lässt das Stimmungsbarometer ebenso in den Keller sinken wie der übel gelaunte Chef oder der nörgelige Kunde. Oder man schaut morgens aus dem Fenster, sieht auf den Nieselregen und denkt sich: »Der Tag ist bereits am Morgen gelaufen.« In solchen Fällen sollten wir uns immer wieder vor Augen führen, dass wir selbst etwas dafür tun können, dass sich die Stimmung wieder bessert. Jeder von uns entscheidet selbst, ob er gute oder schlechte Laune haben möchte. Wir können der schlechten Laune nämlich durchaus etwas entgegensetzen, indem wir gegensteuern. Nur, wie geht das?

All das, was gut funktioniert, nehmen wir häufig als selbstverständlich hin. Wir achten stattdessen auf das, was in der Firma falsch läuft, auf die Arbeitsabläufe, die fehlerhaft sind, auf das, was uns an Kollegen nervt, was der Chef alles falsch macht oder womit wir uns unwohl fühlen. Doch die wenigsten von uns haben wohl einen Arbeitsplatz, der tatsächlich nur schlechte Seiten hat. Schließlich können wir allem auch etwas Positives abgewinnen: Geld, Status, Anerkennung … Allein durch den Wechsel der Perspektive weg vom Defizitdenken hin zum Positiven können wir uns selbst neu ausrichten. Suchen Sie daher nach dem Guten in Ihrem Arbeitsalltag.

 Was läuft hier gut?

In der Regel fragen wir: »Was funktioniert am Arbeitsplatz nicht? Was passiert hier nicht? Welche Chance habe ich hier nicht?« Jede dieser Fragen führt in eine negative Denkrichtung. Versuchen Sie es doch einmal andersherum. Fragen Sie positiv und konstruktiv:

Was bietet Ihnen dieses Unternehmen?

An welchen Stellen ist die Zusammenarbeit gut?

Wo erleben Sie Kollegialität oder Unterstützung durch den Chef oder die Firma?

Was hält Sie hier?

Welche Chancen können Sie hier wahrnehmen?

Welchen Sinn sehen Sie in Ihrer Tätigkeit?

Inwieweit lohnen sich Ihr Einsatz und Engagement?

Wie Stimmungen entstehen

Unsere Stimmung hängt von vielen Faktoren ab. Äußere Umstände beeinflussen uns ebenso wie innere Vorgänge. Schlechtes Wetter, Terrornachrichten, schlechte Arbeitsbedingungen oder Streit unter Kollegen können für schlechte Laune sorgen. Ebenso sind das Temperament einer Person, ihre aktuelle Verfassung und ihr Umgang mit Stress mit dafür verantwortlich, wie sie sich fühlt. Selbst die Kultur, in der wir aufwachsen, unsere Herkunftsfamilie sowie unsere Erbanlagen spielen eine Rolle. Die Arbeit, das Klima, die Beziehungen zu anderen Menschen, Probleme mit dem Partner oder den Kindern, all das kann schnell dafür sorgen, dass die Stimmung kippt. Aber während manchen die sprichwörtliche Laus über die Leber läuft und ihnen den ganzen Tag vermiest, lassen sich andere nicht davon abhalten, den Menschen um sich herum ein Lächeln zu schenken. Sie glauben weiterhin tief im Herzen daran, dass alles ein gutes Ende nehmen wird.

In einigen Berufen ist das Risiko, an einem Burnout zu erkranken, besonders hoch. Bei Lehrern beispielsweise oder bei Alten- und Krankenpflegern oder Angestellten im öffentlichen Dienst. Hohe Ansprüche an sich selbst, die Eintönigkeit der Arbeit, wenig sichtbare Erfolge und das Ausbleiben von Feedback sind starke Belastungsfaktoren. Dennoch gibt es auch in diesen besonders gefährdeten Berufen Menschen, die ihren Job gern erledigen und trotz allem zufrieden sind. So gibt es Lehrer, die sogar zum Ende ihrer aktiven Laufbahn noch Schüler begeistern können, es gibt Verkäufer, denen das Verkaufen auch nach vielen Jahren noch Freude macht, Rechtsanwälte, die voll und ganz für ihre Klienten einstehen, oder Journalisten, denen mehr an der Wahrheit als an der Sensation liegt.

Es dürfte in jeder Berufsgruppe einen kleinen Teil von Menschen geben, die mit ihrer Arbeit zufrieden sind, selbst wenn die Bedingungen, der Lohn oder das Arbeitsklima nicht optimal sind. Sie erkennen den Wert ihrer Tätigkeit für andere und arbeiten aktiv daran, ihre Arbeitsabläufe und Arbeitsbedingungen zum Besseren zu verändern. Das Gefühl von Bedeutsamkeit, das wir durch unsere Arbeit erfahren, ist in erster Linie davon abhängig, ob wir einen Sinn in unserer Tätigkeit sehen. Hadern wir über längere Zeit mit dem Schicksal oder gewöhnen wir uns gar daran, unglücklich zu sein, bleibt kaum Energie, um sich in eine bessere Stimmungslage zu versetzen. Man kann dann nur die halbe Kraft nutzen, um sich aus der Misere zu befreien. Am besten ist es daher, sich den Schwierigkeiten zu stellen, Ja zu allen Herausforderungen zu sagen und jede noch so kleine Veränderung in eine gewünschte Richtung positiv zu bewerten und zu erleben.

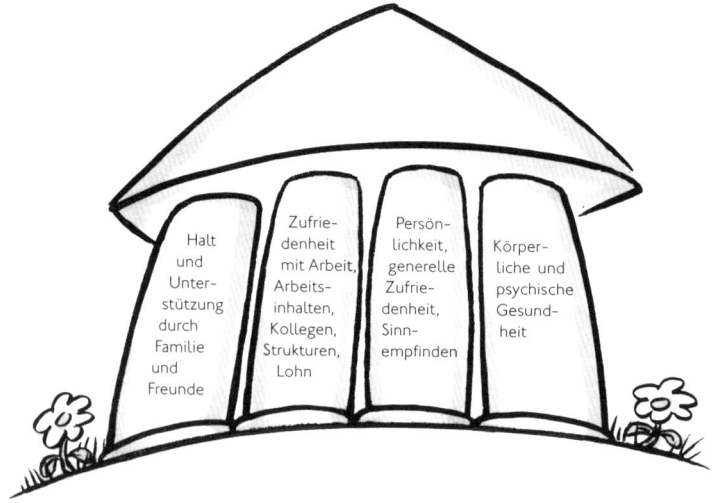

Abb. 1: Das Haus der guten Laune

Nur ein Rädchen im Getriebe?

Sind die Bedingungen nicht optimal, muss man nicht gleich an Kündigung denken. Jeder Job bietet verschiedene Möglichkeiten, gestaltet und mit Sinn gefüllt zu werden. Wer hingegen glaubt, nur den Job wechseln, den Chef verlassen oder sich neu organisieren zu müssen, um die schlechte Laune gegen gute auszutauschen, wird am Ende enttäuscht sein.

Vielleicht glauben Sie auch, dass Sie in Ihrem Job immer für etwas kämpfen müssen, für weniger Überstunden beispielsweise, für eine höhere Position oder für mehr Kollegen. Viele Menschen verwenden viel Energie darauf, diese äußeren Gegebenheiten verändern zu wollen. Manchmal kann die Lösung tatsächlich in der Veränderung der Umstände liegen. Ein permanent schlechtes Arbeitsklima zieht die Stimmung nach unten, einen cholerischen Chef muss man nicht auf Dauer aushalten, bei einer unterbezahlten Stelle sollte man schleunigst nach etwas Besserem Ausschau halten. Meist sind es weniger die Tätigkeiten selbst, die als belastend erlebt werden, sondern eher die mangelnden Gestaltungsmöglichkeiten. Selbst wenn wir an den Arbeitsbedingungen kaum etwas ändern können, haben wir dennoch großen Einfluss auf unsere Einstellung zur Arbeit.

Ihre Einstellung und Ihre Haltung zu einem Geschehen können Sie in jedem Augenblick verändern. Tag für Tag können Sie sich immer wieder dafür entscheiden, sich gut zu fühlen. Welchen Beruf Sie auch immer ausüben, ob Paketbote, Arzt oder Manager, das ist dabei völlig egal, denn die Stimmung ist nicht nur von der Tätigkeit abhängig. Jeder Job kann mit Freude ausgefüllt werden.

Albert Einstein sagte einst: »Holzhacken ist deshalb so beliebt, weil man bei dieser Tätigkeit den Erfolg sofort sieht.« Bei vielen Tätigkeiten ist aber genau das das Problem – der Erfolg ist nicht unmittelbar zu erkennen. Es gilt daher, sich immer wieder den Sinn der Tätigkeit, den eigenen Beitrag zum letztlich doch sichtbaren Erfolg bewusst zu machen.

 Sich bewusst machen, was man leistet

Machen Sie sich abends beim Aufräumen Ihres Arbeitsplatzes bewusst, was Sie an diesem Tag geleistet haben. Ziehen Sie eine positive Bilanz. Lassen Sie sich von folgenden Fragen anregen, und führen Sie sich dabei das positive Geschehen vor Augen:
Haben Sie einen wichtigen Vorgang ad acta legen können?
Konnten Sie Ihrem Chef einen komplexen Sachverhalt gut erklären?
Hat ein Kundengespräch gut funktioniert?
Ist die Zusammenarbeit in einer Teambesprechung gut gelaufen?

Wohlfühl-Check:
Klarheit für eine gute Stimmung

Im Folgenden finden Sie eine Checkliste, mit der Sie sich einen Überblick darüber verschaffen können, inwieweit Sie einen Job mit Wohlfühlfaktor innehaben. Die Aussagen, denen Sie nicht zustimmen, sollten Sie unbedingt weiter hinterfragen. Denn wenn die Bedingungen nicht stimmen, ist es um die gute Laune schlecht bestellt. Dass Sie zumindest einigen Aussagen zustimmen können, ist für eine gute Stimmung unbedingt notwendig. Auf längere Sicht gesehen können auch kleinere Beeinträchtigungen großen Schaden anrichten. Wer beispielsweise mit Lärmbelästigung konfrontiert ist oder in einem Team arbeitet, in dem keine gute Zusammenarbeit möglich ist, sollte sich auf die Suche nach Lösungen machen.

- ◆ »Ich kenne meine beruflichen Ziele und weiß, auf welchen Wegen ich sie erreiche.«
- ◆ »Meine Aufgaben sind klar definiert und entsprechen meiner Qualifikation.«
- ◆ »Ich kenne die Unternehmensziele und auch die Erwartungen, die an mich gestellt werden.«
- ◆ »Die Strukturen und Prozesse in meiner Firma sind transparent.«
- ◆ »Mein Arbeitsplatz ist in Ordnung und bietet ausreichend Bewegungsfreiheit.«
- ◆ »Es gibt Pflanzen im Raum, Bilder an den Wänden o. Ä.«
- ◆ »Ich habe Zugriff auf die Geräte, Hilfsmittel und Unterlagen, die ich benötige.«

- »Ich bin über alles informiert, was für meinen Job wichtig ist, oder weiß, wo ich Informationen einholen kann.«
- »Bei Schreibtisch- und Bildschirmarbeit ist die Sicht nicht beeinträchtigt und ich leide dadurch nicht unter Schmerzen.«
- »Lautstärke, Helligkeit und Raumklima sind die meiste Zeit angenehm für mich.«
- »Die Technik funktioniert – und falls nicht, habe ich einen Ansprechpartner.«

Sich selbst in eine gute Arbeitsstimmung versetzen

Jeder Schüler hat damit zu kämpfen, jeder Student und wahrscheinlich auch fast jeder Arbeitnehmer: Man hat einfach keine Lust darauf, das zu tun, was gerade erledigt werden muss. Arbeit ist nicht immer lustvoll, motivierend oder spannend. Einerseits gibt es jede Menge Routinetätigkeiten, die viele als langweilig empfinden, auf der anderen Seite gibt es natürlich auch fordernde Tätigkeiten, bei denen man vielleicht nicht weiß, wie man sie richtig angehen soll. So kommt es, dass diese Arbeiten viel Energie kosten oder dass sie auf die lange Bank geschoben werden. Beim Studenten zeigt sich das darin, dass seine Noten schlecht ausfallen, dass er vielleicht sogar eine Prüfung nicht besteht. Im Arbeitsleben fällt die mangelnde Motivation eines Einzelnen nicht immer sofort auf, weil viele Arbeiten durch ein Team erledigt werden.

An der Case Western Reserve University konnten College-Studenten ihre Arbeiten innerhalb eines Datumsbereichs statt an einem einzigen Fälligkeitsdatum abgeben. Psychologen beobachteten, wann die Studenten jeweils ihre Arbeiten abgaben, und konnten so eine Verbindung zwischen dem Abgabedatum und dem Stresslevel und der allgemeinen Gesundheit der Studenten herstellen: Diejenigen, die mit der Abgabe bis zur letzten Minute warteten, hatten mehr Stress und mehr Gesundheitsprobleme als andere. Sie erhielten auch schlechtere Noten, sowohl für diese Arbeiten als auch generell, als die Studenten, die ihre Arbeiten früher eingereicht hatten.

Häufig hilft es schon, die unangenehmste Aufgabe des Tages zuerst zu erledigten, dann hat man anschließend noch genug Puffer für Erholung und gute Laune. Wenn Sie grundsätzlich keine Lust auf Ihre Arbeit haben, sollten Sie in sich gehen und überlegen, ob es vielleicht an der Zeit ist, etwas zu verändern. Überstürzen Sie jedoch nichts, sprechen Sie zuerst mit Ihrem Partner, einem Freund oder einem Coach. Finden Sie Schritt für Schritt heraus, wie Sie Ihre Situation verbessern können.

Stimmung wahrnehmen

Mit dieser Übung spüren Sie Ihrer Stimmung nach, ohne diese gleich als gut oder schlecht zu bewerten. Sie beobachten einfach.

So funktioniert's

Versetzen Sie sich in einen Zustand von Achtsamkeit, indem Sie innerlich zur Ruhe finden und aufmerksam für Ihre Wahrnehmungen werden.

Legen Sie eine Hand auf den Bauch, die andere auf den oberen Brustkorb. Folgen Sie Ihrem üblichen Atemrhythmus eine Weile ganz bewusst, ohne diesen zu verändern, und spüren Sie die Bewegungen Ihres Körpers über Ihre Hände.

Folgen Sie mit Ihrer Aufmerksamkeit dem Luftstrom, wie er durch die Nase hineinströmt, die Nebenhöhlen ausfüllt und seinen Weg in die Lunge bis in die Bronchien findet und den ganzen Bauchraum mit frischer Luft ausfüllt. Spüren Sie, wie sich Ihr Brustkorb beim Einatmen hebt und beim Ausatmen wieder senkt.

Wenn Sie Verspannungen im Körper bemerken, atmen Sie in diesen Körperbereich, bis Ihr Atem genau an diese Stelle gelangt. Und dann stellen Sie sich vor, wie bei jedem Ausatmen ein Teil der Verspannungen mit der Atemluft nach außen fließt, aus dem Körper heraus.

Lassen Sie Ihre Gedanken einfach ziehen und beobachten Sie sich ein Weilchen selbst. Da gibt es jede Menge zu entdecken.

Stellen Sie sich die folgenden Fragen:

- Was denkt mein Kopf über meine aktuelle Stimmung?
- Was spürt mein Körper in Bezug auf meine aktuelle Stimmung?
- Was sagen meine Gefühle zu meiner aktuellen Stimmung?
- Was brauche ich jetzt gerade, damit es mir gut geht?

Nehmen Sie einfach wahr, was in Ihnen vorgeht, und lassen Sie alle Empfindungen zu. Alles, was in Ihnen vorgeht, ist in Ordnung und darf sein.

Stimmungswechsel akzeptieren

Manchmal läuft alles irgendwie schief, die Mitmenschen nerven ganz gewaltig und der Chef kennt kein Pardon. Je stärker die Nerven strapaziert werden, umso schlechter wird die Laune. Wenn es dann draußen auch noch grau und nass ist und der Kollege direkt neben einem mit dem falschen Fuß aufgestanden ist, wird die Stimmung noch mieser. Hat die schlechte Laune erst einmal Oberwasser bekommen, kann so ziemlich alles zu einem Ärgernis werden. Die Teamsitzung dauert wieder so lange, dass keine Zeit mehr für die eigentliche Arbeit bleibt, der Praktikant hat die Zuarbeit nicht erledigt, und das Gehalt könnte schon auf dem Konto sein, ist es aber noch nicht.

Ganz anders an den Tagen, an denen man fröhlich und gut gelaunt zur Arbeit geht, die Kollegin einem ein Lächeln schenkt und die Kunden besonders kauffreudig sind. Stimmungen breiten sich in der Regel nicht ohne erkennbaren Grund aus. Wenn man gezielt hinterfragt, ob es etwas gibt, das einem die Stimmung vermiest, wird man meist schnell fündig. Manchmal wechseln die Stimmungen jedoch von einer Sekunde auf die andere – und das so schnell, dass man es gar nicht schafft, den Grund dafür wahrzunehmen.

Eine angenehme Stimmung lassen wir in der Regel gern zu, wir mögen sie. Doch eine geladene oder niedergeschlagene Stimmung möchten wir eher umgehen oder ganz vermeiden. Aufkommendem Ärger, innerem Druck oder einfach schlechter Laune wollen wir am liebsten gar keine Beachtung schenken. Doch gerade wenn wir versuchen, die schlechte Laune auszublenden, wird sie uns ein Schnippchen schlagen. Schließlich hat sie ebenso eine Daseinsberechtigung wie gute Laune. Wenn sie da ist, ist sie da – und das bedeutet, dass wir uns mit ihr beschäftigen sollten.

Machen Sie es sich zu Ihrem Ziel, die Stimmung so zu verankern, dass sie eine dauerhafte Grundlage von Optimismus und Zuversicht bildet, auf der schlechte Laune zwar mal gedeihen kann, sich dann aber auch schnell wieder verflüchtigt.

Sich morgens auf den Tag einstellen

Fragen Sie sich schon beim Aufstehen:

In welcher Stimmung befinden Sie sich jetzt gerade?

Was für ein Tag steht Ihnen bevor?

Haben Sie Lust auf die Aufgaben, die heute anstehen?

Oder haben Sie grundsätzlich keine Lust auf Ihre Arbeit?

Auch schlechte Laune braucht Raum

Die Vorstellung, sich mit der eigenen schlechten Laune bewusst zu beschäftigen, ist für viele ungewohnt und fremd. Mit schlechter Laune wollen wir uns nicht befassen, weil wir befürchten, sie könnte uns noch mehr zusetzen, wenn wir sie bewusst wahrnehmen. In der Regel schenken wir ihr also keine Beachtung, ignorieren sie oder wir versuchen, sie zu kontrollieren. Doch die Kontrolle unterdrückter Gefühle kostet Energie, engt uns ein und macht uns unbeweglich. Wir reagieren impulsiv, finden nicht die richtigen Worte oder erstarren innerlich und sind daher nicht mehr frei im Handeln.

Solche Situationen gehen häufig mit Missverständnissen, Kränkungen oder Abwertungen einher und vergiften die Zusammenarbeit.

Dass wir versuchen, Unangenehmes zu meiden, ist eine Art Überlebensprogramm, das tief in uns verankert ist. Doch viele »Bedrohungen«, die wir im Alltag zu erkennen glauben und vor denen wir uns schützen wollen, entstehen in unserem Bewusstsein. Das Gehirn unterscheidet dabei nicht zwischen Realität und innerem Erleben. Tauchen belastende Gedanken und Gefühle auf, wird der Körper in Alarmbereitschaft versetzt und schüttet Stresshormone aus. Wenn wir die Anzeichen bewusst wahrnehmen und auch erkennen, was diese Reaktion ausgelöst hat und welche Gedanken und Gefühle damit verbunden sind, haben wir eine Chance, gegenzusteuern und die Situation zu verändern.

Was hinter schlechter Laune stecken kann

Durch unsere berufliche Tätigkeit erhalten wir Bestätigung, Anerkennung und ein gutes Selbstwertgefühl. Wenn jemand aber keine Freude an seiner Tätigkeit hat, überfordert oder im Gegenteil unausgelastet ist, wird er anfälliger für schlechte Laune. Besonders dann, wenn er sich nach außen mit seiner Arbeit identifizieren muss, dies innerlich aber gar nicht kann. Seine Arbeitsmotivation wird wahrscheinlich ebenso sinken wie seine Leistungsfähigkeit. Bestätigung und Anerkennung von außen nehmen ab und mit der zunehmenden Kritik leidet auch das Selbstwertgefühl. Haben Mitarbeiter den Eindruck, sie seien austauschbar, werden übergangen oder nicht gewürdigt, stehen

Gefühle der Entwertung im Vordergrund. Diese Menschen fühlen sich dann häufig ausgeliefert und sie denken, dass sie selbst nichts an der Situation ändern können.

Hinter schlechter Laune können sich aber auch pathologische Störungen und Krankheitsbilder verbergen, wie z. B. eine Depression, Alkoholmissbrauch, eine Persönlichkeitsstörung oder eine beginnende demenzielle Entwicklung. In diesen Fällen ist es notwendig, sich medizinische oder therapeutische Hilfe zu holen.

Auch eine verzögerte Anpassung an eine neue Situation kann die Ursache schlechter Laune sein. Veränderungen im Unternehmen gehen oftmals mit Ängsten und Befürchtungen der Angestellten einher. Sie wissen nicht genau, was die Zukunft bringen wird. Ändern sich die Umstände und die Arbeitsbedingungen, etwa durch eine Umstrukturierung, Entlassungen, eine Veränderung im Team oder in der Aufgabenverteilung, entsteht eine Phase der Verunsicherung. Die Mitarbeiter müssen sich erst einmal mit der neuen Situation abfinden und sich neu orientieren. Eine Neuorientierung fällt jedoch nicht immer leicht, besonders, wenn die Umstände nicht frei gewählt sind und man sich auf ungewohntem Terrain bewegt. Bessere Stimmung entsteht in solchen Umbruchszeiten, wenn das Unternehmen für Transparenz und Klarheit sorgt, sodass sich die Mitarbeiter auf die Neuerungen einstellen können.

Beispiele für Verhaltensweisen, die auf schlechte Laune hindeuten bzw. diese bewirken:

- mangelnde Arbeitsmotivation
- Ablehnung von Vorschlägen zu Arbeitsabläufen oder Kompromissen
- Nichteinhalten von Terminabsprachen oder sehr individuelle Terminwünsche
- Tendenz zur Eigenbrötlerei
- Grenzüberschreitungen, provokantes Verhalten, Besserwisserei, Nörgelei
- persönliche Kritik an Kollegen und Vorgesetzten
- überhöhte Erwartungen an andere
- ungewohnte Reaktionsmuster
- eine kritische Grundhaltung
- Informationsmangel und Verständnisschwierigkeiten
- Starkes Misstrauen gegenüber anderen aufgrund schlechter Vorerfahrungen

Die Funktion der schlechten Laune

Wer schlecht gelaunt ist, hat nicht mehr das Bedürfnis, es allen recht zu machen. Die Laune ist ohnehin schon im Keller, wen kümmert es da, wenn der andere verärgert reagiert? Man erwartet quasi, dass das Leben anstrengend ist und dass auch die nächsten Kontakte, Vorgänge oder Schritte nichts Gutes bringen werden. Also kann man sich mal so richtig gehen lassen, sich so richtig ärgern, schroff reagieren oder sich selbst bemitleiden.

Vielleicht haben es Schlechtgelaunte sogar besser als die Gut-gelaunten: Sie dürfen alles Schlechte wahrnehmen und bemer-ken, es darf sie so richtig nerven.

Interessant ist häufig nicht die schlechte Laune an sich, sondern die dahinterstehenden Botschaften. Nicht jeder Mensch konnte im Laufe seines Lebens eine Kommunikationskompetenz er-werben, die jeder Situation angemessen ist. Andere haben schon jahrelang versucht, sich verständlich zu machen, und wurden von Vorgesetzten überhört oder mundtot gemacht, sodass ihnen als letzte Möglichkeit, sich zu äußern, nur noch schlechte Laune bleibt. Sie sagen damit beispielsweise Folgendes aus:

- »Lasst mich besser alle in Ruhe.«
- »Kommt erst einmal selbst klar, bevor ihr mich belästigt.«
- »Ihr hört ohnehin nicht zu, wenn ich was zu sagen habe.«
- »Organisiert euch besser, bevor ihr etwas von mir wollt.«
- »Ich mache meine Arbeit gut, aber keinen interessiert es.«
- »Passt den Betrieb besser an meine Vorstellungen an, dann bin ich auch freundlicher.«

Es gibt viele weitere Probleme, die durch schlechte Laune zum Ausdruck kommen. Manche Menschen haben beispielsweise unrealistische Erwartungen an ihren Beruf, ihren Arbeitgeber, ihre Kollegen und letztlich an das Leben selbst. Sie sind ent-täuscht, wenn die Dinge nicht nach ihren Vorstellungen laufen. Eventuell erwarten sie sogar eine Sonderbehandlung. Sie halten ihre Wertvorstellungen für richtig, dabei sind ihre Ansprüche zu hoch, sodass sie nie erreichen können, was sie sich vornehmen.

Einen Kampf gegen Windmühlen kann niemand gewinnen. Wenn solche Denkmuster hinter Ihrer schlechten Laune stecken, sollten Sie sich diese bewusst machen. Schrauben Sie Ihre Erwartungen besser auf ein realistisches Niveau herunter und freuen Sie sich an dem, was Sie erreichen.

 ## Probleme, die immer wiederkehren

Gibt es in Ihrem Berufsalltag Probleme, die immer wieder auftauchen?
Mit welchen Themen beschäftigen Sie sich hauptsächlich?
Welche Einstellung haben Sie zu Pflicht, Moral und Autoritäten im Berufsalltag?
Welche Erfahrungen spielen dabei eine Rolle?

 ## Meine Stimmungsampel

Diese Übung dient dazu, sich einen Überblick über die eigene Stimmungslage zu verschaffen, damit Sie Ihre Launen und deren Auswirkungen auf sich und andere besser einschätzen können. Mit der Stimmungsampel sensibilisieren Sie sich für die Ursachen und Auswirkungen von Stimmungswechseln. Besonders, wenn die schlechte Laune länger andauert und ihre Ursache unklar ist, kann diese Übung sehr aufschlussreich sein.

Führen Sie einen Monat lang eine Art Tagebuch. Tragen Sie darin in Stichpunkten die Ereignisse des Tages ein, sowohl die beruflichen als auch die privaten.

Im Anschluss belegen Sie die Ereignisse mit einer Bewertung:

- ◆ grün für angenehme Ereignisse,
- ◆ gelb für getrübte Ereignisse und
- ◆ rot für Ereignisse, die auf die Stimmung drücken.

Besonders schöne Ereignisse werden also grün markiert, zum Beispiel ein Lob des Chefs oder ein besonders effektives Teammeeting, während beispielsweise ein fehlgeschlagenes Verkaufsgespräch mit einem unhöflichen Kunden ein rotes Ereignis ist. Verlieren Sie auch die privaten Ereignisse nicht aus dem Blick, zum Beispiel ein Streit mit dem Partner (rot), das lästige Fensterputzen (gelb) oder die gelungene Grillparty (grün).

Nachdem Sie einen Monat lang alle Ereignisse auf diese Art festgehalten haben, warten Sie noch eine Woche und schauen Sie sich dann Ihre Stimmungsampel an:

- ◆ Gibt es eine Häufung an orangen und roten Markierungen im Bereich Beruf, im Bereich Privatleben oder sogar in beiden Bereichen?
- ◆ Gibt es eventuell ein bestimmtes Muster?
- ◆ Gibt es etwas, das Sie ändern möchten?
- ◆ An welchen Stellen haben Sie Einfluss auf das Geschehen?
- ◆ Welche Veränderungen wären möglich?

3.
In sich selbst ruhen

Wer in sich selbst ruht, braucht keine schlechte Laune. Doch es ist gar nicht so einfach, im Alltagstrubel innere Ruhe und Ausgeglichenheit zu finden. Irgendetwas ist immer. Es gibt genug Ereignisse, die uns aus der Ruhe bringen können. Manchmal bemerken wir das nicht einmal und wenn doch, wissen wir häufig gar nicht so recht, was wir dagegen tun können. Dieses Kapitel beschäftigt sich damit, wo unsere Launen eigentlich herkommen und inwieweit unsere aktuelle Stimmungslage über die Wahrnehmung der Ereignisse entscheidet. Sie erfahren, warum lächelnde Menschen glücklicher sind, erhalten einen Leitfaden für wohldosierte schlechte Laune und erfahren, wie man schlechte Laune verwandeln kann.

Wenn das Private den Beruf belastet

Innerhalb von zwei Wochen hat sich in Olivias Nachhilfeinstitut die dritte Lehrkraft verabschiedet. Alle drei haben erstaunlicherweise mit der gleichen Begründung gekündigt: Sie wollen sich neu orientieren. Mittlerweile weiß Olivia nicht mehr, wie sie die Unterrichtslücken in ihrer Nachhilfeschule füllen soll. Sie selbst wollte eigentlich kürzertreten, weil sie privat so viel um die Ohren hat, stattdessen muss sie nun mehr arbeiten als vorher.

Einer ihrer Mitarbeiter ist Luca, ein Student, der sich seit zwei Jahren an der Nachhilfeschule etwas dazuverdient. Das war immer eine lockere Einnahmequelle gewesen, aber in letzter Zeit ist die Stimmung so schlecht, dass er nicht mehr gern hingeht. Alle rätseln darüber, was mit Olivia los ist. Wenn man sie fragt, sagt sie immer, es sei alles in Ordnung. Doch jeder kann spüren, dass etwas nicht stimmt. Sie lacht nicht mehr, redet nur noch über das Notwendigste mit den Lehrkräften, reagiert unwirsch auf Fragen. Jetzt soll er auch noch mehr arbeiten, obwohl er gerade im Prüfungsstress ist. Dass Nico und Elen gekündigt haben, gibt Luca zu denken. Elen hat gesagt, dass sie das schon einmal erlebt hat. Wenn die Stimmung in einer Firma so schlecht wird, geht sie vielleicht demnächst ganz unter.

Olivia weiß nicht weiter. Nun bittet auch noch Luca so förmlich um ein Gespräch, dass sie befürchtet, auch er möchte kündigen. Eigentlich keine Überraschung, denn wenn erst einmal eine Kündigungswelle eingesetzt hat, dann werden auch die Verbliebenen unzufrieden. Außerdem ist die Stimmung wirklich mies, obwohl Olivia ein gutes Arbeitsklima immer wichtig war. Sie hat stets darauf geachtet, die Einsätze im Sinne der Mitarbeiter zu planen, hat an Geburtstage gedacht. Und nun, in dieser Notsituation, springen alle ab. Ihr fällt dazu nur das Wort »undankbar« ein. Sie fühlt sich im Stich gelassen.

Im Gespräch fragt Luca Olivia ganz direkt: »Bisher arbeite ich gern hier, aber die Stimmung ist in der letzten Zeit wirklich schlecht. Was ist denn eigentlich mit Ihnen los?«

Und da bricht es aus Olivia heraus. Ihr Vater hat vor zwei Monaten eine Krebsdiagnose erhalten und musste mehrfach operiert werden. Sie macht sich große Sorgen um ihn, kümmert sich um seine Angelegenheiten und fährt jeden Tag ans andere Ende der Stadt, um ihn zu besuchen. Das hatte sie für sich behalten, weil sie meinte, Privates gehöre nicht auf die Arbeit.

 Standortbestimmung

Was ist Ihnen an Ihrem Beruf wichtig?
Was motiviert Sie?
Wer sind Sie in diesem Lebensabschnitt?
Was macht Sie jetzt gerade aus?
Was können Sie privat und beruflich leisten?
Wo genau wollen Sie eigentlich hin?

Wo kommen sie her,
unsere Launen?

Menschen gehen unterschiedlich mit Problemen um. Olivia aus der Geschichte »Wenn das Berufliche das Private belastet« hat versucht, das Private vom Beruflichen zu trennen. Doch beide Bereiche sind eng miteinander verzahnt. Ist die Stimmung im Privaten schlecht, hat das bei vielen Menschen auch Auswirkungen auf den Beruf, selbst wenn sie das nicht möchten. Hinzu kommt, dass wir alle eine bestimmte Grundstimmung haben. Um das Glas halb voll oder halb leer zu sehen, bedarf es nicht unbedingt eines besonderen Auslösers. Im Laufe des Lebens haben wir uns ein bestimmtes Muster angeeignet, mit dem wir das Leben betrachten und Dinge angehen. So gibt es Menschen, die auch in schwierigen Situationen optimistisch in die Zukunft blicken, und solche, die alles eher pessimistisch betrachten und bei denen Mutlosigkeit oder Niedergeschlagenheit im Leben vorherrschen. Eine solche Grundstimmung bildet sozusagen den Hintergrund des Erlebens einer Person. Es handelt sich dabei um dauerhafte Einstellungen, die hinter dem aktuellen Denken stehen.

Stimmungen beeinflussen nicht nur, was wir bevorzugt wahrnehmen, sondern sie scheinen auch tatsächlich qualitativ die Art und Weise, wie wir Informationen verarbeiten, zu verändern. Die gute und die schlechte Laune kann man sich wie eine Wippe vorstellen, bei der angenehme und unangenehme

Ereignisse miteinander konkurrieren, so wie es in der folgenden Abbildung zu sehen ist. Die Grundstimmung einer Person setzt den Schwerpunkt der Wippe. Ist ein Mensch ausgeglichen, gibt es auch Raum für gute Laune. Drücken Schwierigkeiten auf die Stimmung, findet eine Person mit einer positiven, optimistischen Grundhaltung schon bald wieder ihren Mittelpunkt. Bei einer Person mit einer negativen, pessimistischen Grundstimmung, gerät der Schwerpunkt der Wippe leichter aus dem Mittelfeld und wird wahrscheinlich auch länger an dieser Stelle verweilen.

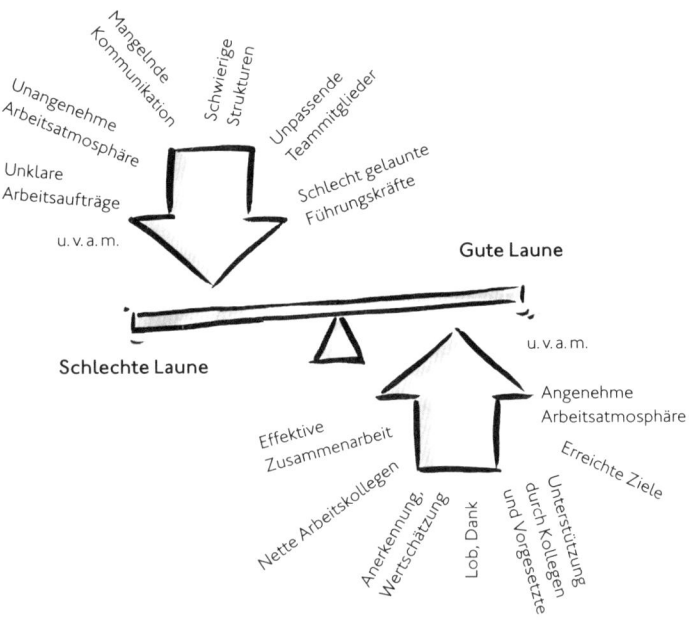

Abb. 2: Die Stimmungs-Wippe

Die aktuelle Stimmung beeinflusst
die Wahrnehmung der Welt

Wissenschaftliche Untersuchungen zeigen schon seit den Achtzigerjahren, dass Personen sich besser an positive Kindheitserlebnisse, Geschichten oder Wörter erinnern als an negative. Andersherum kann eine traurige Person mehr traurige Begebenheiten abrufen (Snyder & White, 1982). Depressive Menschen können sich besser an negative Erlebnisse erinnern, was wiederum die Neigung verstärkt, sich mit negativen Gefühlen und Gedanken zu befassen. Und diese wiederkehrenden negativen Gedanken führen ihrerseits dazu, dass negative Ereignisse deutlicher wahrgenommen werden, was die depressive Grundstimmung wahrscheinlich weiter aufrechterhält (Becker & Rinck, 2000).

Unsere aktuelle Stimmungslage hat also Einfluss darauf, welche Erinnerungen uns gerade besser zugänglich sind. Wahrscheinlich wählen wir in einer guten Stimmung ganz andere Inhalte aus, mit denen wir uns beschäftigen, als in einer schlechten Stimmung. Denn wer möchte sich schon die gute Laune verderben lassen, indem er im Fernsehen einen Bericht über die Hungersnot im Sudan sieht? Tun wir dies aber doch, gehen wir in einer guten Stimmung anders damit um. Unsere Stimmung beeinflusst auch unser Sozialverhalten. In guter Stimmung tendieren Menschen zu mehr Hilfsbereitschaft, selbstloses Verhalten wird verstärkt und auch die Spendenbereitschaft erhöht sich. Auf den Fernsehbeitrag über die Hungernot reagiert ein gut gelaunter Mensch dann vielleicht eher mit einer spontanen Spende an eine Hilfsorganisation, statt über die Schlechtigkeit der Welt zu klagen. Eine gute Stimmung führt außerdem zu flexiblerem, kreativerem Verhalten. So steigt beispielsweise auch die Bereitschaft, bisher unbekannte Produkte auszuprobieren. Gemeint ist mit guter Stimmung übrigens nicht die überschwängliche Freude nach einer bestandenen Prüfung, sondern die ganz normale »kleine« Freude des Alltags.

In einem Versuch aus der Denkpsychologie werden Probanden mit dem sogenannten Kerzenproblem nach Karl Duncker konfrontiert. Dabei sollen die Versuchspersonen eine Kerze mithilfe einer Schachtel voller Streichhölzer und Reißzwecken an der Wand befestigen. Die Aufgabe ist eigentlich nicht schwierig, doch sie erfordert Kreativität, da das Behältnis für die Streichhölzer zweckentfremdet werden muss. Die kreative Lösung besteht darin, die Streichholzschachtel zu entleeren und sie mit den Reißzwecken an der Wand zu befestigen, um darauf dann die Kerze zu stellen. In der Untersuchung von Duncker, die nach seinem Tod 1945 veröffentlicht wurde, kam nur etwa jeder fünfte Proband auf die richtige Lösung. Werden die Versuchspersonen aber beispielsweise durch das Sehen einer Komödie in eine positive Stimmung versetzt, entwickeln ganze 75 Prozent der Probanden die korrekte Strategie zur Lösung des Problems (Isen, Daubmann & Novicki, 1987).

In einer neueren Arbeit konnte Karen Gasper (2003) nachweisen, dass auch bei anderen Aufgaben ein Vorteil durch eine erhöhte Kreativität entsteht, wenn die Versuchspersonen positiv gestimmt sind. In einer anderen Untersuchung wurde allerdings gezeigt, dass unter bestimmten Bedingungen auch negative Gefühle kreativitätsfördernd wirken können. Das passiert insbesondere dann, wenn man zu der Erkenntnis gelangt, bisher die falschen Problemlösestrategien benutzt zu haben, mit denen man eben nicht ans Ziel gelangen konnte. Auch hier gilt also, dass schlechte Laune durchaus einen Nutzen haben kann – sofern sie wohldosiert ist.

Leitfaden für wohldosierte schlechte Laune:

1. Schlechte Laune hat einen Sinn. Sie zeigt an, dass etwas nicht richtig läuft, dass ein Plan nicht funktioniert oder dass es einfach an der Zeit ist, sich einen neuen Job zu suchen.
2. Denken Sie über Ihre schlechte Laune nach, denn sie sollte Beachtung finden. Machen Sie sich auf die Suche nach den Auslösern für Ihre schlechte Laune. Das dauert nicht monatelang, sondern geht in der Regel relativ schnell.
3. Machen Sie sich den Nutzen Ihrer schlechten Laune klar. In der Regel beinhaltet die schlechte Laune eine Botschaft (vgl. Kap. 2).
4. Die schlechte Laune zu beachten, ist nur dann nutzbringend, wenn man auch bereit ist, etwas zu verändern. Ansonsten sollten Sie besser versuchen, Ihre Übellaunigkeit eine Weile zu ertragen oder sie vielleicht sogar ein bisschen auszukosten.

Reaktionen selbst bestimmen

Emotionen prasseln nicht einfach von außen auf uns ein wie Regentropfen. Vielmehr sind wir es, die die äußere Dunkelheit und diverse Umstände als negativ bewerten. Die Gefühle, mit denen wir auf die Außenwelt reagieren, entstehen in uns selbst.

Unsere Sinne sprechen nicht nur auf äußeres Erleben an, sondern auch auf unsere inneren Erfahrungen. Innere Bilder, Geräusche und alte Gefühle, all dies bringt unsere Emotionen ins Schwingen. Wir können demnach positive Emotionen bewusst aktivieren und damit negativem Erleben entgegenwirken.

Jeder Mensch hat es selbst in der Hand, seine Gefühle zu verwalten und zu einem bestimmten Zeitpunkt abzurufen. Wir entscheiden, in welcher Stimmung wir anderen Menschen begegnen und in welcher Stimmung wir bestimmte Aufgaben angehen. Bei jeder Begegnung entscheiden wir innerhalb kürzester Zeit, was wir ausstrahlen: Griesgrämigkeit, Ängstlichkeit oder Unfreundlichkeit oder auch Selbstsicherheit, Freundlichkeit und Gelassenheit. Nicht immer ist uns bewusst, warum wir so entschieden haben. Wer mit den eigenen Reaktionen unzufrieden ist, sollte sich die Situation im Nachgang noch einmal bewusst machen und reflektieren, was ihn eventuell zu diesen Verhaltensweisen gebracht hat. Mit der Zeit werden Sie Ihre gedanklichen und emotionalen Stolperfallen kennenlernen und können sich immer besser aktiv entscheiden, wie Sie auftreten möchten.

Die Gedanken sind der Schlüssel

In vielen Fällen liegt der Schlüssel zu guter Laune in uns selbst. Verschiedene wissenschaftliche Untersuchungen deuten darauf hin, dass die Veränderung der äußeren Umstände beim Glücksempfinden gar nicht so sehr ins Gewicht fällt. Manchmal lassen sich die Umstände kaum ändern. Anstatt darunter zu leiden und unsere Aufgaben in schlechter Stimmung zu erledigen, können wir in uns selbst den Schalter umlegen. Wir können an unseren Werten arbeiten, an unseren Zielen, unserer Stressresistenz, unserer Schlagfertigkeit, der Fähigkeit, Nein zu sagen, sowie an vielem anderen. Jeder noch so kleine Versuch, die innere Einstellung zu ändern, wird sich auch auf die Außenwelt auswirken. Machen Sie sich daher Folgendes bewusst:

- Gut und schlecht sind nur zwei Pole, dazwischen gibt es jede Menge Facetten. Vor allem ist gute Laune oder schlechte Laune eine Sache der Bewertung.
- An stressigen Situationen selbst können wir nicht unbedingt etwas verändern, wohl aber an der eigenen Reaktion darauf.
- Ein Ziel, das uns viel Kraft entzieht, sollte besser noch einmal überdacht werden. Eventuell gibt es ein passenderes Ziel.
- Wer kein positives Feedback erhält, weil dies im jeweiligen Unternehmen nicht üblich ist, kann lernen, sich selbst Anerkennung und Feedback für seine Leistung zu geben.

Ein einfaches Modell bietet Unterstützung beim Umgang mit der eigenen Stimmung: das ABC-Modell von Albert Ellis. Ellis hatte erkannt, dass nicht das, was einem Menschen widerfährt, ihn unglücklich macht, sondern die Art und Weise, wie er die Situation bewertet. Daraus entwickelte er das ABC-Modell: Ein auslösendes Ereignis in der Gegenwart (A = Activating Event) interpretieren wir vor dem Hintergrund alter Erfahrungen und Annahmen (B = Beliefs), was wiederum zu spezifischen Interpretationen, Schlussfolgerungen, emotionalen Reaktionen und Handlungen (C = Consequences) führt. Würde ein Ereignis direkt zu einem Gefühl führen, wäre das wie ein Reflex, man könnte wenig daran ändern. Zwischen einer schwierigen Situation und der Gefühlsreaktion darauf gibt es aber dem Modell zufolge einen Zwischenschritt, der uns in der Regel nicht bewusst ist – die Beliefs (B) bzw. Annahmen. Diese sind ein wirksamer Ansatzpunkt, um die Situation neu zu bewerten und dadurch auch auf der Gefühls- und Verhaltensebene »neutraler« darauf zu reagieren.

Gute Laune ist ansteckend

Der Philosoph Immanuel Kant sagte einst: »Drei Dinge helfen, die Mühseligkeiten des Lebens zu tragen: Die Hoffnung, der Schlaf und das Lachen.« Ebenso wie meckernde, griesgrämige oder jammernde Kollegen unsere Stimmung nach unten ziehen, gibt es natürlich auch den umgekehrten Effekt: Gute Stimmung ist ansteckend. Lächelt uns ein Kollege an, lächeln wir automatisch zurück. Dass wir die Stimmungslage unserer Kollegen automatisch aufnehmen, hat etwas mit den sogenannten Spiegelneuronen zu tun. Diese besonderen Nervenzellen funktionieren wie feine Antennen. Sie nehmen die Gefühle anderer auf, sodass wir entweder mit dem anderen leiden oder uns mit ihm freuen, je nachdem, was der andere empfindet. Dementsprechend kann jeder selbst als »Leuchtturm« fungieren und anderen von seinem Licht abgeben. Dieses Leuchten geht auf andere über.

Die gute Stimmung herbeilächeln

Betreten Sie die Firma morgens bereits mit einem authentischen Lächeln, wird dieser Funke positiver Stimmung schnell auf andere überspringen. Selbst wenn es anfangs nicht das ist, was Sie wirklich fühlen, sollten Sie es einige Tage ausprobieren, bis das Lächeln am Morgen wirklich zu Ihnen gehört. Meine Coachees, die dieses Lächeln die ersten Male ganz bewusst einsetzen, haben mir schon häufig berichtet, dass dieses Lächeln sich auf Körper und Geist auswirkt. Es darf allerdings auch nicht auf Dauer wie eine Maske »aufgesetzt« werden, denn wenn ein Lächeln unecht ist und so gar nicht der eigenen Befindlichkeit entspricht, verfehlt es nicht nur seine Wirkung, es schadet dem Dauerlächler sogar. Denn ein aufgesetztes Lächeln ist oberflächlich und nicht mit guten Gefühlen gekoppelt.

Dennoch lohnt es sich tatsächlich, zunächst bewusst zu lächeln. Mittlerweile ist sogar wissenschaftlich nachgewiesen, dass wir mit einem Lächeln unseren inneren Zustand verändern können: Ein Lächeln auf dem Gesicht kann die Stimmung verbessern und Stress abbauen. Allerdings muss es den Forschungen zufolge schon ein Lächeln sein, das das ganze Gesicht samt der Augenpartie einschließt, und nicht nur ein sogenanntes soziales Lächeln, das nur die Mundpartie beinhaltet.

Einige der frühen Forschungen zu diesem Thema lieferte der Psychologe Paul Ekman in den 1990er-Jahren. Während er mit negativen Gesichtsausdrücken wie Stirnrunzeln experimentierte, bemerkte er, dass sich offenbar auch seine Stimmung veränderte. Einige Zeit darauf fand er heraus, dass ein sogenanntes »Duchenne-Lächeln«, also ein volles Lächeln, das die Gesichtsmuskeln um die Augen herum umfasst, eine Veränderung der Gehirnaktivität hervorruft, die einer glücklicheren Stimmung entspricht. Andere Versuche zeigten, dass Botox-Injektionen emotionale Reaktionen dämpfen. Diese Injektionen lähmen kleine, faltenbildende Muskeln um die Augen und glätten das Gesicht. Offenbar werden damit gleichzeitig auch unsere Emotionen ein klein wenig geglättet.

Die Wirkung des Lächelns auf andere

Auch der polnische Sozialpsychologe Kuba Kryś hat sich in verschiedenen Untersuchungen mit dem Lächeln befasst. Lächelnde Menschen werden demnach als glücklicher beurteilt, und auch als attraktiver, kompetenter und freundlicher. Unter anderem fand er aber auch heraus, dass ein Lächeln in verschiedenen Staaten unterschiedlich bewertet wird – obwohl wir automatisch davon ausgehen, dass ein Lächeln überall auf der Welt das Gleiche bedeutet. Kryś stellte die These auf, die Bedeutung eines Lächelns sei eventuell von der wirtschaftlichen und politischen Lage eines Landes abhängig, wobei diese These bisher wissenschaftlich noch nicht ausreichend belegt ist. Da ein Lächeln als Zeichen von Selbstbewusstsein bewertet werde, wirke es seiner Vermutung nach gerade in Staaten mit einem unsicheren oder instabilen sozialen System oder politischen Umwälzungen, wirtschaftlichen Problemen oder Korruption seltsam. Ein Lächeln kann in solchen Ländern Misstrauen auslösen. Er zeigte Versuchsteilnehmern aus 44 Ländern Fotos von lächelnden und ernsten Menschen. In Süd-Korea, Russland, Iran oder auch Japan empfanden die Teilnehmer die Lächler als weniger vertrauenswürdig und schätzten sie als weniger intelligent ein. In Deutschland und der Schweiz jedoch, aber auch in Malaysia und Ägypten, wurden lächelnde Menschen als intelligent bewertet. Hierzulande spricht daher nichts dagegen, Kollegen, Kunden und Vorgesetzten ein Lächeln zu schenken.

- **Liebe:** Liebe öffnet unsere Sinne, wir werden empfänglich für Genuss und Entspannung.

- **Leidenschaft:** Leidenschaft hat eine stark motivierende Wirkung. Leidenschaft können wir nicht nur für einen Menschen, sondern auch für eine kreative Tätigkeit, für Sport oder natürlich für unseren Beruf empfinden.

- **Stolz:** Besonders dann, wenn wir etwas erreicht haben, spüren wir Stolz und gehen mit gestrafftem Körper und erhobenen Hauptes durchs Leben. Stolz bedeutet, einen Moment lang innezuhalten und zu genießen, was man sich erarbeitet oder verdient hat. Damit einher gehen Begriffe wie Selbstsicherheit, Selbstwertgefühl, Würde und Kraft.

- **Freiheit:** Wer Freiheit spürt, kann sich ungezwungen bewegen und frei atmen. Bei der Arbeit ist das dadurch spürbar, dass man sich frei entfalten kann.

- **Geborgenheit und Vertrauen:** Nicht nur für Kinder, auch für Erwachsene ist es wichtig, sich gut aufgehoben zu fühlen. Auch in einem Unternehmen ist das ein angenehmer Zustand.

- **Geduld, Gelassenheit und innere Ruhe:** Mit Geduld lassen sich Ziele leichter erreichen, weil man gelassen auf etwas hinarbeitet. Körper und Geist sind nicht in ständiger Anspannung, sodass man gut bis zum Ende durchhalten kann. So kann man auch ruhig und gelassen anderen Menschen begegnen, selbst wenn diese in starker Erregung sind.

Gedankenhygiene –
Sorgen Sie gut für sich?

Inwieweit wir uns selbst schätzen, bestimmt nicht nur unser Denken und Handeln, sondern hat direkte Wirkung auf andere. Wer sich selbst gut kennt, seine Aufgaben motiviert angeht und seine Grenzen respektiert, wird meist auch gesehen und gelobt. Bei anderen bleiben Lob und Anerkennung häufig aus, was wiederum zu Selbstzweifeln führt. Bei einem negativen Selbstbild blockieren Zweifel an den eigenen Fähigkeiten und Unsicherheit die Leistungsfähigkeit. Herausforderungen werden als bedrohlich empfunden und möglichst vermieden.

Der Selbstwert setzt sich aus der Wahrnehmung der eigenen Fähigkeiten und deren Bewertung zusammen. Das kann beispielsweise so klingen: »Ich spiele gut Klavier, kenne mich in meiner Abteilung am besten mit Marketing aus und habe einen liebevollen Ehemann und zwei entzückende Kinder.« Dazu kommt die Bewertung: »Darauf bin ich stolz, das macht mich glücklich.« Selbstbewusste Menschen erzielen bessere Leistungen, weil sie ihre Stärken und Schwächen kennen und auf ihr Können vertrauen. Sie sind motiviert, Leistung zu erbringen, und packen selbst schwierige Aufgaben beherzt an. Falls das auf Sie noch nicht zutreffen sollte, können Sie gezielt daran arbeiten. Selbstwert ist keine feste Größe im Leben eines Menschen, sondern wandelt sich im Laufe der Zeit. Sorgen Sie daher gut für sich!

Wie man schlechte Laune verwandelt

Der erste Schritt zu besserer Laune besteht darin, die eigene schlechte Stimmung erst einmal wahrzunehmen, sie anzuerkennen und zu akzeptieren. Häufig ist es schon eine große Entlastung, wenn man weiß, was einen »runterzieht«. Ein Problem, das man fassen und benennen kann, bleibt nicht nebulös. Man kann ihm eine Überschrift geben und dafür Lösungsideen entwickeln. Häufig steht hinter der schlechten Laune ein unbefriedigtes Grundbedürfnis, wie das nach Anerkennung, Zuneigung oder Geborgenheit. Auch unerfüllte Erwartungen, nicht erreichte Ziele oder enttäuschte Wunschvorstellungen können den Nährboden für schlechte Laune bilden. Der eine Kollege hat ein teureres Haus in einer besseren Gegend, der andere Kollege fährt ein größeres Auto mit mehr technischem Schnickschnack, und der dritte Kollege bekommt die Anerkennung, die eigentlich einem selbst zusteht. Diese Beobachtungen und Gedanken können die Stimmung niederdrücken. Um hier gegenzusteuern, muss man sich jedoch zunächst einmal eingestehen, dass eben diese Vergleiche mit anderen und die damit verbundenen unerfüllten Wünsche und Bedürfnisse die eigene Laune verschlechtern.

Achten Sie von nun an auf Ihre Gefühle, Gedanken und inneren Bilder. Tauschen Sie die Eindrücke von Ärger und Sinnlosigkeit aus gegen Eindrücke der Zuversicht, Lebensfreude und guten Laune. Fördern Sie die Gedanken, die Ihnen guttun. Übernehmen Sie die Verantwortung für Ihre persönliche Gedankenhygiene, indem Sie Ihre Aufmerksamkeit auf die guten Momente richten und auch andere Menschen mit Wohlwollen betrachten. Erschaffen Sie Ihre positive Gedankenwelt und beginnen Sie jedes Ereignis so zu bewerten, dass es Ihnen hilft, gute Laune zu spüren.

Eine Überschrift für die schlechte Laune finden

Bei dieser Übung geht es darum, den Grund für die schlechte Laune zu benennen. Wenn der Grund klar ist, lassen sich leichter Lösungsansätze finden.

So funktioniert's

Formulieren Sie so konkret wie möglich den Grund für Ihre schlechte Laune mit einem »Weil-Satz«, zum Beispiel:

◆ »Ich habe schlechte Laune, weil ich bei der Beförderung schon wieder übergangen wurde.«

◆ »Ich bin schlecht drauf, weil mir bei der Arbeit nette Kollegen fehlen und es mir deshalb an Austausch mangelt.«

◆ »Ich bin schlecht gelaunt, weil mein Chef meine Karriere ausbremst und ich mich deshalb innerbetrieblich nicht weiterentwickeln kann.«

Probieren Sie die Überschriften so lange aus, bis Sie die richtige Überschrift gefunden haben. Anschließend überlegen Sie, welche Lösungsmöglichkeiten es gibt, ohne diese Ideen zu bewerten. Erst wenn alle Möglichkeiten aufgeschrieben sind, denken Sie darüber nach, welche Schritte tatsächlich zu besserer Laune führen könnten.

Unangenehmem eine andere Bedeutung geben

Aufgaben, die schlechte Laune verursachen, sollten Sie nicht immer weiter vor sich herschieben. Betrachten Sie die Aufgabe nicht isoliert, sondern sehen Sie sie im Gesamtbild Ihrer Arbeit. Die Pflege von Daten zum Beispiel empfinden viele als langweilig, zeitraubend und eher unangenehm. Ruft man sich aber in Erinnerung, wie wichtig die Datenpflege für den Kontakt zu Kunden und das Schreiben von Rechnungen ist und wie sehr man damit der Rechnungsabteilung hilft, gewinnt diese kleine Tätigkeit eine große Bedeutung.

Eine andere Möglichkeit, der schlechten Laune den Nährboden zu entziehen, besteht darin, sich zwei einfache Fragen zu stellen:
* Was läuft bei mir gerade gut?
* Welche Probleme habe ich gerade nicht?

Dazu können Sie Ihren Blick auf Ihre Kollegen richten und überlegen, mit welchen Problemen und Schwierigkeiten diese gerade zu kämpfen haben. Vielleicht Scheidung, Schulden, Probleme mit den Kindern? Wenn Ihnen der Vergleich mit einem Kollegen, dem es vermeintlich besser geht als Ihnen, zu schaffen macht, können Sie sich beispielsweise auch fragen: Welchen Preis zahlt xy dafür, dass er befördert wurde? Sicherlich hat eine Beförderung nicht nur Vorteile. Wahrscheinlich muss der Kollege nun mehr Überstunden machen, unliebsame Entscheidungen treffen, wird bei den anderen nicht mehr so beliebt sein …

Schreiben, um Belastendes loszulassen

Wer seine schlechte Laune loswerden möchte, aber nicht so recht weiß, wie, kann es einmal mit Schreiben versuchen. Schreiben ist eine kreative Form der Verarbeitung von Emotionen und Erlebnissen. Empfehlenswert ist es für jeden, der sich tiefergehend mit sich selbst auseinandersetzen möchte und dazu auch körperlich und emotional in der Lage ist. Am besten funktioniert es, wenn man täglich schreibt oder zumindest an drei bis vier Tagen pro Woche. So können Sie ein Thema auch über einen längeren Zeitraum intensiv bearbeiten und dabei im Schreibkontakt bleiben. Nehmen Sie sich dazu täglich etwa eine Viertelstunde Zeit und suchen Sie sich einen ruhigen Ort, an dem Sie für eine Weile ungestört sein können. Wenn Sie gleich zu Beginn des Tages schreiben, können Sie bei Bedarf auch später noch einmal eine Schreibphase einlegen. Die Texte sind dabei nur für Sie selbst. Wer für sich selbst schreibt, ist an keine Form und keine Vorgaben gebunden. Ob Sie ein Tagebuch schreiben, eine Loseblattsammlung anlegen oder am PC schreiben, ist ganz Ihrer Vorliebe überlassen.

Erstmals erforschten James Pennebaker und Sandra Beall im Jahr 1986 unter wissenschaftlichen Bedingungen die Wirkung des Schreibens auf die körperliche und psychische Gesundheit. Die Versuchspersonen erhielten standardisierte Schreibaufgaben und schrieben an drei bis vier Tagen pro Woche für etwa 15 bis 20 Minuten über ein traumatisches Erlebnis. Die Wirkung war erstaunlich: In den Monaten nach der Studie gingen die Teilnehmer seltener zum Arzt, zeigten verbesserte Immunwerte, berichteten weniger häufig über Symptome, waren weniger depressiv und ängstlich und fühlten sich im Vergleich zur Kontrollgruppe deutlich wohler. Seitdem hat es jede Menge weitere Untersuchungen zum sogenannten Expressiven Schreiben gegeben und die positiven Effekte sind vielfach nachgewiesen worden. So kann diese Art der emotionalen Verarbeitung als Ergänzung zu einer Psychotherapie eingesetzt werden oder auch als Selbstcoaching-Tool, um mit Stress und anderen emotionalen Belastungen besser umgehen zu können.

Die Innenschau braucht allerdings ein gewisses Maß an emotionaler Stabilität und Selbstreflexionsfähigkeit. Wenn es sich um belastende Eindrücke handelt, kann es sein, dass Sie sich eine Weile traurig oder niedergeschlagen fühlen. Diese Reaktion sollte aber spätestens nach einigen Stunden wieder abklingen. Sollten Sie den Eindruck gewinnen, dass Ihnen das Schreiben nicht guttut, dann hören Sie lieber auf. Es nützt nichts, sich selbst unter Druck zu setzen, und es gibt ja auch noch andere Wege, Belastendes zu verarbeiten.

Schreibkontakt mit der eigenen Stimmung

Diese Übung hilft Ihnen, in Kontakt mit der eigenen Stimmung zu kommen. Vielleicht gibt es ein Schlechte-Laune-Thema, das Sie gerne abschließen möchten, oder Sie möchten Ihre Selbstbeobachtungen dokumentieren. Dann probieren Sie diese Übung aus.

So funktioniert's

Nehmen Sie Kontakt zu ihrer aktuellen Stimmung auf, indem Sie erst einmal nur die Wörter hinschreiben, die Sie damit verbinden. Sehen Sie sich die Wörter anschließend an und achten Sie darauf, welche Wörter Sie am meisten beschäftigen.

Formen Sie aus diesen Wörtern Sätze. Hören Sie erst auf, wenn Sie den Eindruck haben, dass Sie sich wirklich alles von der Seele geschrieben haben, was Ihnen gerade wichtig ist.

Wenn Sie den Eindruck haben, dass ein Thema ausreichend bearbeitet ist, können Sie die Blätter feierlich im Kamin verbrennen oder sie von der Festplatte löschen. Sie können den Text aber auch aufbewahren, um ihn eventuell zu einem sehr viel späteren Zeitpunkt wieder hervorzuholen, zu lesen oder sogar weiter zu bearbeiten. Im Laufe der Zeit verändert sich das Erleben und damit auch die Aspekte, die einmal wichtig waren.

4.
Den Arbeitsplatz gestalten

Vollzeitbeschäftigte verbringen unter der Woche häufig mehr als ein Drittel ihrer Zeit am Arbeitsplatz. Das ist eine ganze Menge Lebenszeit. Dieses Kapitel beschäftigt sich daher mit den Möglichkeiten, den Arbeitsplatz und das Arbeitsumfeld so zu gestalten, dass man sich wohlfühlt. Manchmal sind es nur Kleinigkeiten, die die Atmosphäre verbessern. Eine Blume auf der Fensterbank, ein Fotokalender an der Wand oder ein Glücksbringer im Auto. Nicht jeder Arbeitsplatz bietet die Möglichkeit zur Selbstgestaltung, doch gibt es eventuell auch alternative Möglichkeiten.

Es könnte so schön sein

Annegret fährt mit dem Auto ihres Pflegedienstes täglich von Patient zu Patient. Das Büro, in dem sie den Schreibkram erledigt, ist wenig einladend. Es hängt kein Bild an der Wand, es gibt keine Pflanzen auf den Fensterbänken und die Wände sind schlicht weiß. Annegrets vorsichtige Vorschläge für mehr Gemütlichkeit wurden von ihrer Chefin aus praktischen Erwägungen jedes Mal abgelehnt. »Das geht nicht,« lautet die Begründung, »das Team wird in absehbarer Zeit größer werden, dann brauchen wir neue Räumlichkeiten. Beim Auszug muss jedes Loch in der Wand wieder zugespachtelt werden und dann muss alles neu gestrichen werden. Das kann ich mir nicht leisten.« Doch Annegret hat einen ganz anderen Verdacht. Manchmal verrät sich ihre Chefin, wenn sie Sätze sagt wie: »Die sollen sich hier im Büro nicht zu wohlfühlen, hier soll schließlich gearbeitet werden.« Die Chefin will es praktisch, schlicht und nicht wohnlich. Ihr selbst reicht das so, doch Annegret und einige andere Kolleginnen hätten es lieber kuschelig.

Annegret braucht schöne Dinge um sich herum, um sich wohlzufühlen. Daher verbringt sie so wenig Zeit im Büro wie möglich. Ihre Schreibarbeiten erledigt sie lieber direkt im Auto. Sie hat auch einen Glücksbringer, den sie immer bei sich trägt. Wenn sie zu ihren Patienten fährt, hängt sie ihn an den Innenspiegel und schaut unterwegs immer wieder darauf, und für die Schreibarbeiten nimmt sie ihn mit ins Büro.

Irgendwann will sie vielleicht selbst einen Pflegedienst eröffnen und alles so einrichten, dass sie und ihre Mitarbeiter sich wohlfühlen. Innerlich malt sie sich immer wieder aus, wie ihr Büro aussehen könnte. Sie würde ein Poster von einem Sonnenaufgang an die Wand hängen, vielleicht mit einem Strand und einem Pärchen ... Und auch die Autos würde sie so wählen, bekleben und beschriften, dass die Mitarbeiter gerne damit fahren. Vielleicht mit roten Schonbezügen und Außenaufklebern mit einem schönen Firmenlogo.

 ## Wie wohl fühlen Sie sich am Arbeitsplatz?

Fühlen Sie sich in Ihrer Arbeitsumgebung wohl?
Sind die Wände, der Teppichboden und die Möbel so gewählt, dass Sie Ihre Arbeit an diesem Ort gut erledigen können?
Gibt es etwas, das Sie gerne verändern würden?
Ist Ihr Arbeitgeber offen für diesbezügliche Vorschläge?
Welche Möglichkeiten haben Sie, die Sie nicht nutzen?

Bunt ist die Welt

Weiße Wände, grauer Teppichboden, schwarze Büromöbel und dunkelgraue Vorhänge haben etwas Trostloses an sich. Die meisten Arbeitsplätze sind zwar zweckmäßig eingerichtet, wirken aber dadurch auf die Mitarbeiter trist und wenig motivierend. Besonders betrüblich ist es, wenn man zudem auf dem Weg zur Arbeit an schmutziggrauen Häuserzeilen vorbeigeht, ohne sich an den Farben der Natur erfreuen zu können. Nicht jeder Arbeitnehmer hat die Möglichkeit, den Arbeitsplatz den eigenen Wünschen entsprechend zu gestalten. An vielen Stellen kann jedoch das Unternehmen mehr Farbe ins Arbeitsleben der Mitarbeiter bringen und deren Stimmung damit positiv beeinflussen. Das ist durchaus ratsam, schließlich repräsentiert sich ein Unternehmen auch durch seine Räumlichkeiten und definiert damit auch seine Identität.

Die Wandgestaltung, die Möbel und die Dekoration beeinflussen selbstverständlich nicht nur zu Hause unser Befinden, sondern auch am Arbeitsplatz. Während Zahnärzte ihre Räumlichkeiten früher in sterilem Weiß hielten, das in Kombination mit dem Geruch von Desinfektionsmitteln die Angst vor dem Zahnarzt verstärkte, gestalten viele Zahnärzte heutzutage ihre Praxen sehr viel gemütlicher. Fast immer läuft leise Musik, manchmal gibt es einen Zimmerbrunnen, und wenn man vom Zahnarztstuhl an die Decke schaut, hängt über einem ein friedvolles Naturbild.

Laut einiger Studien wirken sich bunt gestaltete Wände tatsächlich auf unser Arbeitsverhalten aus. Es lohnt sich also, sich für eine farbenfrohe Gestaltung des Arbeitsplatzes stark zu machen. Manchmal ist der Arbeitgeber uneinsichtig, wie im Fall der Geschichte »Es könnte so schön sein«, in der Annegret gerne etwas verändern würde, ihre Chefin es aber nicht erlaubt. Bei anderen sprechen hygienische oder sicherheitstechnische Gründe gegen Veränderungen. In den meisten Fällen lassen sich jedoch Wege finden, durch Farben, Bilder oder dekorative Gegenstände eine angenehme Atmosphäre zu schaffen.

Farbtupfer – Die Arbeitswelt farbenfroh gestalten

Wir leben in einer bunten Welt mit prächtigen Farben. Ein blauer Himmel mit weißen Wolken, grüne Bäume, bunte Blumenwiesen, gelbe Zitronen, lila Auberginen oder rote Erdbeeren. Farben haben auf Menschen und Tiere einen starken Einfluss. Sie beeinflussen unser Denken, Fühlen und Handeln und natürlich auch unsere Stimmung – meist ohne dass es uns bewusst ist. So strahlt beispielsweise die Farbe Blau Ruhe aus. Das Meer und der Himmel erstrahlen in Blau. Das gibt uns das Signal, dass alles friedlich und in Ordnung ist. Tatsächlich schaltet unser Organismus auf Ruhe um, wenn wir einen Spaziergang unter freiem Himmel oder am Wasser entlang machen. Rot versetzt uns dagegen in einen Alarmzustand. Es aktiviert Körper und Geist, um möglichst schnell reagieren zu können. Unser Blut ist rot, Feuer flammt rot und Gefühle wie Liebe und Hass werden mit der Farbe Rot in Verbindung gebracht.

Durch Farben können wir zudem die Kommunikation, die Konzentration und auch die Entspannung beeinflussen. Deshalb spielen sie auch am Arbeitsplatz eine wichtige Rolle. In nordischen Ländern wird bereits sehr darauf geachtet, ein entsprechendes Umfeld für Mitarbeiter zu schaffen. Bei uns ist dieses Bewusstsein für den Zusammenhang von Farbgestaltung und Stimmungen am Arbeitsplatz noch nicht so stark ausgeprägt.

Welche Stimmung eine Farbe oder eine Farbkombination auslöst, hängt sehr stark vom Einzelnen ab. Dabei spielen sowohl der kulturelle Hintergrund als auch die persönlichen Erfahrungen eine Rolle. Dennoch werden einige Farben mit bestimmten Grundstimmungen in Verbindung gebracht: Blau, Lila und Grün gelten als »kalte« Farben und sind mit Gefühlen wie Ruhe, Gelassenheit, aber auch Traurigkeit assoziiert. Kalte Farben eignen sich für Arbeitsplätze, an denen die Arbeit ruhig und entspannt ablaufen soll. Eine Kombination aus Blau- und Grüntönen kann ein Gefühl der Weite und des Friedens vermitteln. Gelb, Rot und Orange wiederum gelten als »warme« Farben, die ebenso »warme« Gefühle auslösen. Sie wirken anregend, heiter, freudig, erwärmend. Zu viel davon kann aber auch negative Assoziationen auslösen, wie Wut oder Feindseligkeit.

Es ist also sinnvoll, Farben bewusst auszuwählen und gezielt einzusetzen. So könnte der Pausenraum in frühlingshaften Farbtönen gestaltet werden, durch die Mitarbeiter für eine Weile zur Ruhe kommen können. Für den Besprechungsraum, den das Team zur Ideenfindung und Kommunikation nutzt, könnten dagegen sanfte Erdtönen gewählt werden, die bis ins Rötliche reichen und damit anregend wirken. Die Farbe Rot sollte allerdings sparsam eingesetzt werden, weil sie sonst überstimulierend wirkt.

Tageslicht und grüne Inseln am Arbeitsplatz

Wir alle brauchen Tageslicht. Das Licht bestimmt unseren Tagesrhythmus, hat Einfluss auf die Hormonproduktion und den Stoffwechsel und fördert die Bildung von Vitamin D. Allein deshalb sollten wir jeden Tag hinaus ins Freie gehen – auch an Arbeitstagen. Vielleicht fährt man mit dem Rad zur Arbeit, vielleicht macht man in der Mittagspause einen kleinen Spaziergang oder man hat die Möglichkeit, kurze Pausen auf einer sonnigen Terrasse zu verbringen. Auf jeden Fall sollte man sich seine tägliche Dosis Tageslicht nicht entgehen lassen.

Wichtig für unser Wohlbefinden sind auch Aufenthalte in der freien Natur. Wir können uns jedoch auch ein Stück Natur an den Arbeitsplatz holen. Nicht ohne Grund stellen sich viele Menschen Zimmerpflanzen in ihre Büros. Aus verschiedenen Studien geht hervor, dass Grünpflanzen zum Stressabbau beitragen. Beim Ansehen der Pflanzen beruhigt sich die Atmung, sinkt der Blutdruck und die Pulsfrequenz nimmt ab. Auch sorgen Pflanzen dafür, dass die Luft nicht zu trocken wird. Gerade in der kalten Jahreszeit sinkt die Luftfeuchtigkeit und greift die Schleimhäute von Augen, Mund- und Rachenraum sowie der Augen an. Dadurch werden Erkältungskrankheiten begünstigt. Pflanzen wirken nicht nur angenehm auf die Psyche, sie dämpfen auch den Schall von Geräten, wie Computern, Druckern oder Telefonen.

Immer häufiger achten die Unternehmen im Rahmen des Gesundheitsmanagements darauf, dass die Innenräume begrünt werden. Einige schaffen regelrechte grüne Inseln. Eine ideale Umgebung, um einerseits konzentriert zu arbeiten und sich andererseits zu erholen. Sofern Ihr Arbeitgeber noch nicht darauf achtet, sorgen Sie selbst für die Begrünung Ihres Arbeitsplatzes.

Wohlfühlort Arbeitsplatz

Für viele Menschen ist die eigene Wohnung ein Rückzugs- und Ruheort, der sie gerade in turbulenten Zeiten Sicherheit und Schutz spüren lässt. Unsere Wohnung schützt uns vor der Außenwelt, vor Wind und Wetter, vor Menschen, die wir nicht mögen, oder vor Krach und Lärm. Damit die eigene Wohnung auch tatsächlich ein Wohlfühlort sein kann, richten sich viele Menschen intuitiv so ein, dass Sie sich wohlfühlen können. Sie stellen Blumen auf die Fensterbänke, legen sich bei schlechter Laune ihre Kuscheldecke zurecht oder lassen sich bei Stress ein

Entspannungsbad ein. Die eigene Wohnung bietet zahlreiche Möglichkeiten, sich wohlzufühlen, weil jeder sie so einrichten kann, wie er es selbst mag.

In einem gewissen Rahmen ist dies meist auch am Arbeitsplatz möglich. Je nach Arbeitsplatz kann eine Pflanze dazu beitragen, eine Wohlfühlatmosphäre zu schaffen, oder ein Familienfoto am Schlüsselanhänger, ein Bild an der Wand oder ein Kalender an der Tür. Was erlaubt und möglich ist, sollten Sie natürlich vorher mit Ihrem Arbeitgeber abklären.

Einige Ideen für Ihren Wohlfühlort Arbeitsplatz

- Bringen Sie ein Foto von Ihrer Familie mit und stellen Sie es so hin, dass es immer in Ihrem Blickfeld ist.
- Hängen Sie Ihr Lieblingsbild an die Tür.
- Hängen Sie einen Kalender auf, auf dem Sie die guten Tage, besondere Ziele o. Ä. mit einer Sonne, einem Smiley oder einem anderen Symbol markieren, das Freude ausdrückt.
- Bringen Sie eine Topfpflanze für die Fensterbank oder den Boden mit.
- Wenn Sie in einem Großraumbüro arbeiten, können Sie sich auch Kopfhörer besorgen, damit Sie sich besser auf Ihre Arbeit konzentrieren können
- Kaufen Sie sich ein Raumspray, das sie mögen.

Die Kraft der Gewohnheit

Gewohnheiten können sicher Nachteile haben, gerade dann, wenn es schädliche Gewohnheiten sind. Meist jedoch ist eine Gewohnheit etwas sehr Vorteilhaftes: Man muss nicht jeden Morgen darüber nachdenken, welche Aufgaben man zuerst erledigt. So rufen beispielsweise viele Menschen morgens bei der Ankunft im Büro erst einmal ihre E-Mails ab, ohne darüber nachzudenken. Man überlegt auch nicht jeden Morgen, ob man sich mit einem Kaffee und einer Zeitung an den Frühstückstisch setzt, man tut es einfach. Dadurch verbrauchen wir für diese Tätigkeiten weniger Kraft und können unsere Energie für andere Dinge einsetzen. Im Alltag geben uns solche ritualisierten Abläufe Halt und wirken ausgleichend, doch bewusst sind sie uns meist nicht. In der Psychologie wird unter ritualisierten Handlungen schon das morgendliche Zähneputzen oder die Gutenachtgeschichte vor dem Zubettgehen für die Kinder verstanden. Auch das monatliche Kegeln, der wöchentliche Kaffeeklatsch oder die Zigarettenpause sind ritualisierte Ereignisse. Sie verlaufen nach den immer gleichen Mustern, bieten den Menschen klare Regeln und fördern den Zusammenhalt der Gemeinschaft. Solche Rituale bringen Klarheit und Stabilität in die Gemeinschaft und beleben das Miteinander.

Welche Angewohnheiten tun Ihnen gut?

Gibt es kleine Rituale in Ihrem Arbeitsalltag, die Ihnen gefallen? Welche Angewohnheiten würden Sie gerne verändern?

Gibt es gemeinsame Aktivitäten mit Ihrem Team, auf die Sie sich schon im Vorfeld freuen?

Gibt es einen Kollegen oder eine Kollegin, mit der Sie zwischendurch gerne einmal einige Minuten fachsimpeln oder sich über die Arbeit austauschen?

Welche neuen Aktivitäten könnten Sie in Ihren Arbeitsalltag einbauen, die Ihre Stimmung heben?

Kleine Rituale erleichtern den Arbeitsalltag

Für die Arbeit sind kleine Rituale oft hilfreich und erleichtern Abläufe ebenso wie das Miteinander im Team. Wie im Privatleben auch, dienen die Rituale im Berufsleben dazu, Sicherheit zu vermitteln und die persönliche Befindlichkeit zu verbessern. Sie bauen das Vertrauen aus, dienen der Selbstmotivation, unterstützen eine positive Grundstimmung, strukturieren den Arbeitsalltag, verbessern die Kommunikation der Mitarbeiter untereinander und festigen die Zugehörigkeit zur Firma.

Nicht selten werden Rituale aus dem Privatleben an den Arbeitsplatz transferiert und dort in einer passenden Weise durchgeführt. Manchmal folgt ihnen nur ein Einzelner, manchmal werden sie in ein Team übertragen und manchmal entwickelt sich daraus eine ganze Firmenkultur.

Im Laufe der Zeit entwickeln sich in einer Firma bestimmte Rituale, die uns häufig gar nicht als solche bewusst sind. Da gibt es beispielsweise jedes Jahr wieder eine Weihnachtsfeier, bei der sich alle Mitarbeiter versammeln und bei der der Chef eine Rede hält. Dabei lässt er die Ereignisse des letzten Jahres Revue passieren, spricht Danksagungen aus und eröffnet anschließend das Buffet. Kollegen werden durch kleine Rituale in ein Team integriert, andererseits können Rituale auch deutlich machen, dass jemand ausgeschlossen ist. Wer sich beispielsweise an Geburtstagsgeschenken für andere Teammitglieder beteiligt, gehört dazu, wer nicht mitmacht, schließt sich selbst aus der Gemeinschaft aus.

Während es dem Unternehmen letztendlich um wirtschaftliche Interessen geht, verfolgt der Mitarbeiter bei der Gestaltung seiner Rituale seine persönlichen Interessen. Einerseits hat dies Einfluss auf sein Befinden, andererseits aber auch auf das Wohlbefinden in der Firma sowie seine Leistungsfähigkeit. Letzten Endes kommen all diese Bestrebungen der Firma und dem Mitarbeiter zugute. Beide Seiten profitieren von Ritualen. Gesunde Rituale am Arbeitsplatz sollten sich in die Gesamtsituation des Unternehmens und der Abteilung einfügen und dem Einzelnen gerecht werden.

Einige Ideen für persönliche Rituale im Arbeitsleben:

- jeden Tag bei Arbeitsschluss den Schreibtisch aufräumen
- zu einer passenden Zeit täglich im Gemeinschaftsraum mit den anderen eine Tasse Tee trinken
- nach dem Mittagessen gemeinsam mit den Kollegen einen kurzen Spaziergang machen
- sich einmal monatlich mit lieben Kollegen außerhalb der Firma treffen, miteinander essen gehen, kegeln etc.
- in produktiven Phasen bei der Arbeit eine bestimmte Musik laufen lassen, die die Kreativität unterstützt

Die energetische Reinigung des Arbeitsplatzes

Nicht immer lässt sich ein Grund dafür ausmachen, dass man sich am Arbeitsplatz nicht wohlfühlt und schlechte Laune oder ungute Gefühle im Überfluss vorhanden sind und die Leistung dämmen. Vielleicht haben Sie Ihren Arbeitsplatz von einer unliebsamen Kollegin übernommen oder vielleicht saß an dieser Stelle einst jemand, dessen »negative Energien« noch nachwirken.

In der sogenannten Energiearbeit geht man davon aus, dass es unsichtbare Energien gibt, die in uns selbst oder um uns herum vorhanden sind. Ein Raum speichert demnach die Energie der Ereignisse, die in ihm geschehen sind, sowie der Menschen, die ihn besucht haben, und der Gegenstände, die sich darin befunden haben. So sind darin angenehme, aber auch unangenehme Emotionen gespeichert, darunter auch Ärger, Wut, Missgunst oder Neid. Der Begriff Energie wurde vom griechischen Wort »energia« abgeleitet und bedeutet so viel wie »wirkende Kraft«.

Manche Menschen sind für solche »negativen Energien« empfänglich und fühlen sich unwohl. Sie können diese negativen Energien schnell übernehmen, was sich wiederum auf ihre Stimmung auswirkt. In einigen energetischen Ansätzen nutzt man daher die sogenannte »energetische Hausreinigung«, bei der man zum Beispiel durch Räuchern die alten Energien vertreibt.

Eine energetische Reinigung dient dazu, die Räumlichkeiten von schlechten Energien zu »säubern«. So wie man die Wohnung regelmäßig aufräumt und putzt, so ist es auch mit der energetischen Reinigung. Jede Nervenzelle produziert durch unser Denken Energie, sodass jeder Gedanke und jede Handlung das Energiefeld verändert. Dementsprechend können wir auch über die mentale Ebene großen Einfluss auf unser Wohlbefinden nehmen, beispielsweise bei einem Einzug in neue Räumlichkeiten, nach einem Konflikt mit einem Kollegen oder Kunden, wenn man Energie für ein neues Projekt oder einen Neuanfang braucht oder wenn man sich einfach unwohl fühlt, ohne genau zu wissen, warum das so ist. Auch ein Raum kann dementsprechend energetisch gereinigt werden, und dazu nutzen verschiedene Kulturen sehr unterschiedliche Möglichkeiten, von Klangschalen über das Räuchern bis hin zu ätherischen Ölen.

Ob da nun wirklich etwas Wahres dran ist oder nicht, spielt gar keine so große Rolle. Allein die Vorstellung hellt die Gedanken auf und hebt die Stimmung.

Einige Vorschläge zur energetischen Reinigung:

- Öffnen Sie am Arbeitsplatz alle Fenster und genießen Sie es, Licht und Frischluft hereinzulassen.
- Beim Räuchern zündet man (falls möglich) ein Räucherstäbchen an oder gibt getrocknete Salbeiblätter oder Weihrauch in ein kleines Räuchergefäß. Stellen Sie sich vor, wie der Rauch in jede Ecke dringt und die negativen Energien absorbiert, und wie Licht, Freude und gute Laune in Ihre Räumlichkeiten einziehen.
- Wer lieber Duft anstelle von Rauch mag, kann auch eine Schale mit Salzwasser aufstellen, in die einige Tropfen ätherische Öle hineingegeben werden. Salz gilt als reinigend und ätherische Öle finden auch in der Aromatherapie Verwendung. Suchen Sie sich dazu einen Duft aus, den Sie mögen, wie z. B. Rosenholz, Sandelholz oder Ylang-Ylang.
- Es ist auch möglich, zwei bis drei Tropfen Lavendel in eine Sprayflasche zu geben, die mit Wasser gefüllt ist. Damit können Sie morgens vor der Arbeit Ihre Kleidung besprühen oder etwas davon ins Bügelwasser geben. Lavendel soll als Schutzschild dienen und begleitet Sie in Ihrer Kleidung den ganzen Tag lang.

Nutzen Sie Ihre Vorstellungskraft

Nicht jede Firma erlaubt ihren Angestellten, den Arbeitsplatz ihren Wünschen entsprechend zu gestalten. Dies zu beklagen, hilft natürlich wenig. Man kann versuchen, die Vorgesetzten bei einem netten Gespräch von den Vorteilen zu überzeugen. Doch nicht alle sind dazu bereit, ihren Mitarbeitern so viel Handlungsspielraum zu lassen. Manchmal gibt es auch Regeln und Vorschriften, die den Wünschen des Mitarbeiters entgegenstehen, so dürfen zum Beispiel aus hygienischen Gründen keine Topfpflanzen in Krankenhäusern stehen. Was kann man aber tun, wenn der Gestaltungsspielraum am Arbeitsplatz eingeschränkt ist? Eine Möglichkeit ist natürlich die Kündigung und die Suche nach einer Arbeitsstelle, bei der sich die eigenen Gestaltungswünsche eher umsetzen lassen. Wir können aber auch einfach unsere Fantasie einsetzen.

In einigen Entspannungs- und Therapieverfahren werden innere Bilder genutzt, um positive Wirkungen zu erzielen. Sowohl im Autogenen Training als auch im Katathymen Bilderleben und der Hypnose werden sogenannte »Imaginationen« eingesetzt. Damit sind angenehme Vorstellungen gemeint, die dabei unterstützen können, sich zu entspannen, körperliche Verspannungen zu lösen, sich zu stärken oder sich geistig zu fokussieren. Schließlich fließt unsere Energie an die Stelle, auf die wir unsere Aufmerksamkeit richten.

Der Segen innerer Bilder

Wir alle haben Bilder in uns. Da ist beispielsweise die Erinnerung an den Urlaub vom letzten Sommer, die nicht nur als ein Bild vom Strand in uns aufkommt, sondern gleichzeitig den Geruch des Meeres mit sich bringt und fast schon automatisch das Rauschen der Wellen in den Ohren ertönen lässt. Diese Erinnerung zaubert bei vielen gleich ein Lächeln ins Gesicht, ist mit Entspannung und Wohlbefinden verbunden. Mit etwas Übung kann jeder Mensch solche Bilder vor seinem geistigen Auge entstehen lassen. Die Wirkung solcher Übungen haben Medizin und Psychologie in vielen Untersuchungen nachweisen können.

Sowohl die Freizeit als auch die Pausenzeiten während der Arbeit kann jeder für sich so nutzen, wie sie ihm guttun. Manchmal mangelt es einem allerdings einfach an Ideen. Damit Sie sich erholen können und um neben Ihren logisch-analytischen Fähigkeiten, die der linken Gehirnhälfte zugeordnet werden und die im Arbeitsleben oft genug zum Einsatz kommen, auch die eher gefühlvolle, kreative und intuitive rechte Gehirnhälfte zu nutzen, können Sie in der Pause einmal versuchen, einem Tagtraum nachzugehen.

Wenn Sie regelmäßig tagträumen, wird es Ihnen immer leichter gelingen, herauszufinden, was Ihnen gerade besonders wichtig ist. In Ihrem Kopf werden immer schneller klare Bilder entstehen, anhand derer Sie erkennen können, wo Ihr Weg weitergehen kann. Der Zweck des Tagträumens liegt darin, sich zu entspannen und zu neuer Kraft zu finden. Sie können auch zum Ton einer Klangschale zur Ruhe kommen oder leise Entspannungsmusik dabei laufen lassen. Entwickeln Sie dazu im Laufe der Zeit Ihr eigenes kleines Ritual, das für Sie mit angenehmen Gefühlen verbunden ist. Auf diese Weise grenzen Sie das Tagträumen vom Alltagsgeschehen ab und markieren Ihre Tagtraum-Pause.

Sie sollten allerdings nicht krampfhaft versuchen, sich etwas vorzustellen. Nicht jeder hat einen Zugang zu dieser Art der inneren Bilder. Erlauben Sie sich, dass in manchen Traumsitzungen gar nichts passiert, sondern Sie sich einfach nur entspannen. Oft ist es auch hilfreich, sich mit anderen Tagträumern auszutauschen.

Erholung während der Pause

Es ist kurz nach 13 Uhr, das Seminar macht eine kurze Pause. Ich gehe vor die Tür, um mich in den nächsten Minuten vom vielen Reden zu erholen und einige Atemzüge Frischluft in mich aufzunehmen. Draußen ist es bedeckt und mir pfeift ein rauer Novemberwind um die Ohren. Vor mir steht bereits ein Grüppchen von Seminarteilnehmern, von denen sich einige direkt eine Zigarette angezündet haben. Ich stelle mich dazu und wir kommen miteinander ins Gespräch. Erst zögerlich, dann rege erzählen die Teilnehmer, was ihnen durch den Kopf geht. Sie berichten von ihren persönlichen Erlebnissen, stellen Fragen und lassen die Seminarinhalte der letzten Stunden nachklingen. Der Wind kann sich nicht so recht entscheiden, wohin er den Zigaretten-

rauch verteilt, sodass er ihn gleich in alle Himmelsrichtungen aussendet und mir nun anstatt der frischen Luft bei jedem zweiten Atemzug der Rauch ins Gesicht weht. Nach etwa zehn Minuten merke ich, dass ich immer weniger gesprächig bin und meine Stimmung sich verschlechtert. Der Rauch macht mir zu schaffen. Daher verabschiede ich mich von der Gruppe und beschließe, einige Minuten die Straße entlangzulaufen. Damit geht es mir gleich besser. Der Wind ist recht kühl und am Himmel sind die Wolken so dicht, dass sich kein Sonnenstrahl durch die Wolkendecke schleichen kann. Ich schaue nach oben und lasse meine Gedanken einen Moment lang mit den Wolken schweben.

Ich habe schon immer viel und gerne geträumt. Ob nachts mit geschlossenen Augen oder tagsüber mit offenen Augen. Ich träume mich gerne mal aus der Realität heraus und genieße für einen Augenblick die Möglichkeiten des Tagtraums. Vor vielen Jahren erklärte mir mal jemand, man könne viel Zeit einsparen, würde man zwei oder drei Stunden pro Tag weniger schlafen. Diese Zeit könne man dann produktiv einsetzen, andernfalls sei sie verschwendet. Ich sehe das ganz anders. Der Schlaf hat ebenso eine Erholungsfunktion wie das Dösen in der Sonne oder das Faulenzen bei einem Kaffee am Nachmittag. Wir sind keine Maschinen und sollten nicht immer nur an unserer Produktivität gemessen werden. Was ist mit den kreativen Ideen, die einem gerade dann kommen, wenn man in einer Phase des Dösens ist? Für manche hat das natürlich keinerlei Bedeutung.

Als ich nach der Pause wieder den Seminarraum betrete, geht es mir gut. Ich habe Kraft für den nächsten Seminarteil getankt und kann wieder scherzen.

Tagträumen

In dieser Übung geht es darum, sich eine kurze Auszeit zu nehmen, die Gedanken zu beruhigen und eine gute Stimmung zu erzeugen.

So funktioniert's

Suchen Sie sich einen Ort, an dem Sie eine Weile ungestört sein können und sich wohlfühlen. Je nachdem, wie geübt Sie sind und wie viel Zeit zur Verfügung steht, können Sie sich mit einer Atemübung oder einer Körperreise in einen entspannten Zustand versetzten.

Nehmen Sie eine bequeme Körperhaltung ein und atmen Sie ein paar Mal tief ein und aus. Lassen Sie störende Gedanken ziehen, indem Sie Ihren Geist mit einer angenehmen Tagtraumfantasie füllen.

Stellen Sie sich zum Beispiel vor, Sie liegen am Strand oder sitzen an einem stillen Gebirgssee. Lassen Sie sich von Ihren inneren Bildern leiten. Vielleicht entsteht vor Ihrem inneren Auge ein Bild von einem See, den Sie bereits kennen, oder die Fantasielandschaft einer grünen Oase inmitten einer Wüste … Der Fantasie sind dabei keine Grenzen gesetzt.

Nehmen Sie Ihre Umgebung mit allen Sinnen auf: die Farben, die Formen, den Geruch, die Temperatur, das Licht, die Geräusche.

97

Spüren Sie den Boden unter Ihren Füßen, den leichten Wind und die angenehme Sonne auf Ihrer Haut.

Erkunden Sie Ihre Tagtraumlandschaft: Vielleicht gibt es in dieser Landschaft auch einen Kollegen oder eine Kollegin, dem oder der sie dort begegnen. Dann lassen Sie dieses Bild auf sich wirken. Welche Stimmung nehmen Sie wahr? Wie kommunizieren Sie? Wie gehen Sie miteinander um?

Vielleicht möchten Sie sich auch einen zuverlässigen Kollegen oder Ihre perfekte Chefin erträumen. Wie sieht dieses Bild aus? Was genau sehen Sie?

Mit etwas Übung können Sie die Bilder nach Ihren Vorstellungen gestalten, etwas dazuerfinden oder die Stimmung nach Ihren Vorstellungen verändern. Zum Beispiel können Sie einen Berater entstehen lassen, den Sie auf Ihren Ausflügen treffen und fragen können, wenn Sie Rat brauchen.

- -

5.
Selbstbestimmt bleiben – trotz widriger Umstände

Ein schwieriger Chef, fordernde Kunden, schlechte Teamarbeit – wir neigen dazu, unsere Stimmung von äußeren Umständen und anderen Menschen abhängig zu machen. Im Arbeitsleben kann man manchmal zu dem Eindruck gelangen, ein Spielball anderer oder zumindest der Umstände zu sein. Besonders wenn es im zwischenmenschlichen Bereich nicht so richtig läuft, kann uns das jeglicher Motivation und Kreativität berauben. Doch da, wo Menschen miteinander in Beziehung treten, kommt es nun mal ab und an zu Missverständnissen, Spannungen oder anderen Schwierigkeiten. Hin und wieder stoßen wir dabei an unsere persönlichen Grenzen, gerade wenn wir uns den Launen eines anderen ausgeliefert fühlen. Grummler, Miesepeter und Griesgrame können uns weit über die Arbeitszeit hinaus beschäftigen.

Kollegin Diva

Gleich beim Betreten des Seminarraums ist Verena klar, dass ihre Kollegin wieder einmal alles hat stehen und liegen lassen. Ein Kaffeebecher steht auf dem Tisch, darum verteilt übriggebliebene Kopien, Bonbonpapiere und sogar die Reste vom Bleistiftspitzen. Verena bemerkt einen leichten Anflug von Ärger, der sich noch verstärkt, als sie beim Blick zur Seite sieht, dass sie auch noch das Whiteboard putzen muss, das die Kollegin beschriftet hat.

Wenn Verena geht, räumt sie ihren Platz auf, wischt das Whiteboard, wirft ihren Müll in den Papierkorb, packt den Beamer und die dazugehörigen Kabel ein und verstaut alles im Schrank. Selbstverständlich erwartet sie das auch von anderen Dozenten. Anders sieht das offenbar ihre Kollegin, die vor ihr in diesem Raum lehrt. Wenn Verena ihrem Mann oder Freunden von dieser Kollegin erzählt, nennt sie sie »Kollegin Diva«, weil sie mit ihren eleganten Kleidern nicht nur wie eine Diva aussieht, sondern sich auch ausgesprochen divenhaft benimmt und von allen eine Sonderbehandlung erwartet.

Verena will keinen Ärger, also räumt sie die Sachen der Kollegin zur Seite, wischt notdürftig mit einem Taschentuch über den Tisch, putzt das Whiteboard und räumt den Beamer in den Schrank. Dabei versucht sie, ihre Gedanken zu bändigen. Wahrscheinlich hat sie mich nicht absichtlich ärgern wollen ... Wahrscheinlich ist das einfach nur Gedankenlosigkeit ... Doch ihre Gedankengänge landen immer wieder bei einer schlechten Kinderstube. Dazu würde auch Kollegin

Divas Benehmen passen, das aufgesetzte Lächeln, der missachtende Blick, mit dem sie Verena hin und wieder ansieht. Was auch immer dahintersteckt, es könnte Verena eigentlich egal sein, wenn sie sich nicht mit ihr herumärgern müsste.

Nachdem Verena ihre Zeit damit verplämpert hat, Kollegin Divas Sachen aufzuräumen, beschließt sie, mit ihr zu sprechen, bevor sich der Ärger irgendwann bei einem zufälligen Zusammentreffen unkontrolliert entlädt. Mittlerweile hat sich der Raum mit Seminarteilnehmern gefüllt, die ihre Plätze einnehmen. Während Verena die ersten Begrüßungsworte sagt, klopft es energisch an der Tür. Im Türrahmen erscheint Kollegin Diva, die Verena mit einer knappen Handbewegung zu sich heranwinkt. Verena unterbricht ihre Begrüßung und geht ihrer Kollegin entgegen. Doch noch bevor sie an der Tür angekommen ist, schießt es aus Kollegin Diva: »Hör mal, Verena, das geht so nicht. Wir müssen uns diesen Raum nun mal teilen. Ich besorge dauernd neue Stifte für die Flipchart, aber wenn ich sie mal brauche, sind sie regelmäßig leergeschrieben. Ich finde das ziemlich unkollegial. Und wenn ich schon mal dabei bin: Der Schrank gehört nicht allein dir. Ich kann nichts darin unterbringen, weil du alles mit deinen persönlichen Sachen vollgestopft hast und meinen Platz mit dem Beamer belegst.«

Gibt es in Ihrem Arbeitsumfeld Menschen, die Sie als
»schwierig« erleben?
Welche Auswirkungen haben die Launen anderer auf Ihr
Befinden?
Wie schaffen Sie es, sich von anderen nicht negativ
beeinflussen zu lassen?
Wie können Sie angemessen Grenzen setzen?

Andere Menschen, andere Weltbilder

Wir Menschen sind soziale Wesen, daher kommen wir so ganz
ohne andere weder im Privat- noch im Berufsleben aus. Wir
suchen die Gemeinschaft, die Nähe und Verbundenheit zu anderen Menschen. Eine solche Verbundenheit kann leicht über
den Beruf oder das gleiche Erfahrungsfeld innerhalb einer Firma
entstehen. Arbeitskollegen sind durch gemeinsame berufliche
Schnittstellen miteinander verbunden. Es gibt ein grundlegendes
Verständnis füreinander, man hilft sich, tauscht sich aus. Je nach
Interesse und Kontaktbedarf des Einzelnen und dem, was in der
Firma Usus ist, kann das zu einem echten Interesse aneinander
führen und sich zu einer starken Gemeinschaft entwickeln. Am

besten ist es, wenn man ein berufliches Netzwerk aufbaut und pflegt, auf das man bei Bedarf zurückgreifen kann, wenn man einmal Unterstützung braucht oder sich eventuell sogar einen neuen Job suchen möchte.

Sind die Bedingungen jedoch schlecht, haben Einzelne kein Interesse an einem guten Kontakt oder sind sie dazu gar nicht in der Lage, funktioniert das nicht. So können rein oberflächliche Kontakte entstehen oder solche, bei denen es auch zu Reibungen kommt. Die Geschichte von »Kollegin Diva« zeigt recht deutlich, dass es dabei häufig verschiedene Sichtweisen und Positionen gibt. Während die eine sich darüber ärgert, dass sie der anderen hinterherräumen muss, ärgert sich die andere aus ähnlichen Gründen. Da, wo man auf andere Menschen trifft, gibt es nun einmal auch Konfliktpotenzial. Im gemeinsamen Büro möchte der eine bei offenem Fenster arbeiten, der andere möchte es lieber geschlossen lassen. Der Nächste lässt gern das Radio laufen, während wieder ein anderer beim Arbeiten Ruhe braucht. Gerade bei der Zusammenarbeit auf engem Raum, wie in einem Großraumbüro, einer Werkstatt, einer Praxis oder einem Labor, ist es kaum möglich, nur den eigenen Bedürfnissen zu folgen. Richtig oder falsch gibt es dabei nicht, denn es geht um das subjektive Empfinden einer Person. Mit anderen Menschen zusammenzuarbeiten erfordert häufig ein hohes Maß an gegenseitiger Toleranz.

Wir können andere nicht verändern

Aufgrund der Erfahrungen aus Familie und Partnerschaft weiß wohl jeder, dass es kaum möglich ist, einen anderen Menschen zu verändern. Der andere wird so bleiben, wie er ist, mit all seinen Vorzügen und Fehlern. Daher sollten wir anderen nicht sagen, wie sie sein sollen, wie sie denken können oder fühlen müssen. Gerade bei der Arbeit ist der erhobene Zeigefinger fehl am Platz, ebenso wie schulmeisterliche Belehrungen oder andere erzieherische Maßnahmen.

Auf das Verhalten anderer haben wir in der Regel wenig Einfluss. Wir können erst einmal versuchen zu verstehen, was im anderen vorgeht. Wenn eine freundliche Rückmeldung nichts hilft und der andere weiterhin als Miesepeter durch die Gegend laufen möchte, dann können wir uns zwar wünschen, dass es anders wäre, aber verändern wird sich dadurch noch lange nichts. Was wir aber in der Hand haben, ist unsere eigene Reaktion auf schlecht gelaunte Menschen.

Sie können sicher sein, dass auch andere an Ihnen einige Verhaltensweisen feststellen, die in der Arbeitswelt nicht gerade optimal sind. Sicherlich wissen Sie auch bereits, wie schwierig es ist, etwas zu verändern. Und niemand von uns möchte eine Änderung nur deshalb vornehmen, weil das eigene Verhalten einem anderen gerade missfällt.

Mit der schlechten Laune anderer umgehen

Wir alle verfügen über ganz bestimmte, persönliche Beziehungs- und Konfliktmuster, die wir im Laufe der Zeit ausgebildet haben. Daher reagieren verschiedene Menschen auf die gleiche Situation manchmal recht unterschiedlich. Nicht immer sind die Reaktionen einer Person der jeweiligen Situation angemessen. Manchmal reagieren wir aufgrund von Vorerfahrungen, Ängsten und Unsicherheiten anderen gegenüber kritisch, empfindlich oder verärgert. Unsere zumeist unbewussten Einstellungen legen unser Verhalten in verschiedenen Situationen fest, sodass wir nicht ganz frei agieren können, sondern von vornherein eingeschränkt sind. In solchen Situationen kommt bei einigen die schlechte Laune zum Ausdruck. Sie äußert sich dabei ganz unterschiedlich – ein griesgrämiges Gesicht, meckern und jammern oder andere ankeifen, an Kleinigkeiten herummäkeln oder andere bloßstellen, all das kann passieren. Dabei gilt: Wer seine Launen an anderen auslässt, hat sich selbst nicht im Griff und wird über kurz oder lang anecken.

Wenn man versucht, die üble Laune eines anderen zu ignorieren, wird einem das nicht so leicht gelingen, denn die negativen Signale, die der andere aussendet, nimmt man automatisch unbewusst auf. Daher kann es hilfreich sein, den Miesepeter direkt auf sein Befinden anzusprechen, bevor sich dessen schlechte Laune auf das Betriebsklima auswirkt. Eventuell hat seine Laune etwas mit der Arbeit zu tun, er fühlt sich vielleicht zu wenig wertgeschätzt oder unterfordert oder es gibt etwas, das er gerne anders hätte. Dann bekommt er durch eine Aussprache die Chance, diese Wünsche zu formulieren. Dazu kann es hilfreich sein, regelmäßige Teambesprechungen einzuführen

Was schlecht gelaunte Menschen wollen

Schlecht gelaunte Menschen wollen einerseits in Ruhe gelassen werden und andererseits loswerden, was in ihnen rumort. Wenn wir schlecht gelaunt sind, wünschen wir uns eigentlich eine Veränderung einer Situation, aber wenn dies nicht nach unseren Vorstellungen funktioniert, zeigen wir der Außenwelt mit unserer schlechten Laune, dass bei uns etwas nicht in Ordnung ist. Enttäuschung und Resignation brauchen ein Ventil und entladen sich durch die Übellaunigkeit. Manchmal reicht es schon, der schlechten Laune Raum zu geben und »so richtig Dampf abzulassen« oder richtig laut und ausfallend zu werden.

Einige Schlechtgelaunte sind enttäuscht, gekränkt oder wütend, weil sie finden, dass mit ihnen nicht korrekt umgegangen wurde. Mit der schlechten Laune versuchen sie daher, die Situation wieder ins Lot zu bringen. Für das vermeintliche Unrecht fordern sie damit eine Art Entschädigung ein. Manchmal möchten sie Mitgefühl spüren oder Sympathiebeweise erhalten. Und sie möchten natürlich als Individuum anerkannt werden, mit Schwächen und Stärken. Letztendlich wünscht sich aber auch jeder Schlechtgelaunte die Bereinigung der Atmosphäre.

Vom Nutzen, sich auf Schlechtgelaunte einzulassen

Verhält sich eine Person nicht innerhalb des konventionellen Rahmens von Höflichkeit und Etikette, stößt man selbst häufig an eine persönliche Grenze. Man weiß nicht, wie man sich verhalten soll, welche Reaktion angemessen wäre und was innerhalb der Konventionen des Betriebes »erlaubt« ist. Durch diesen Mangel an Handlungsstrategien beschäftigt man sich meist erst einmal mit dem anderen und seinem Betragen, ärgert sich über ihn und bekommt vielleicht selbst schlechte Laune. Allerdings ist diese Unsicherheit auch eine Wachstumschance. Besonders interessant ist die Auseinandersetzung mit uns selbst, wenn wir es häufiger mit Schlechtgelaunten zu tun haben oder immer wieder auf bestimmte Typen von »Stinkstiefeln« stoßen. Gerade dann besteht ein Anlass, sich mit diesen für uns schwierigen Verhaltensweisen ebenso wie mit den eigenen Reaktionsweisen auseinanderzusetzen: Könnte das schwierige Verhalten aus der Perspektive Ihres Gegenübers vielleicht verständlich sein? Welche Eigenheiten lösen in Ihnen emotionale Reaktionen aus? Und wie reagiert Ihr Gegenüber wiederum auf Sie? Wann genau kommt es zu diesen Störungen im Kontakt?

Die bewusste und ehrliche Auseinandersetzung hilft, zu einem besseren Verständnis zu gelangen und Handlungsalternativen zu erschließen. Ein solcher Zugang versucht nicht, das Verhalten zu verändern, sondern Wachstum zu ermöglichen. Die Ehrlichkeit sich selbst und anderen gegenüber gelingt nicht automatisch, sie verlangt einen Prozess der bewussten Auseinandersetzung. Dieser kann sich aber durchaus lohnen, denn auch im Berufsalltag wird die Kommunikation nicht ausschließlich vom Bedarf der Situation bestimmt, sondern auch von persönlichen Gefühlen, Motiven und Verhaltensmustern. Unsere Sozialkompetenz zu erweitern, kontinuierliche Verbesserungsprozesse zu gestalten und Kritik als Chance zu begreifen, all das kann uns die Arbeit mit Schlechtgelaunten lehren.

Gemeinsame Werte finden

Nicht nur in der Partnerschaft und unter Freunden, auch im beruflichen Kontext ist es hin und wieder spannend, die Frage zu stellen: Was vereint uns? Welche Gemeinsamkeiten haben wir? Wo gibt es bei uns Schnittstellen?

Nicht selten beruhen unsere Annahmen über eine Person auf vorschnellen Urteilen. Häufig setzen wir eine Meinung mit einer Tatsache gleich und halten diese für die einzig mögliche Wahrheit. Anstatt vorschnelle Urteile zu fällen, sollten wir lieber nachfragen, was der andere mit einer Aussage oder einem Verhalten genau meint: »Wie kommen Sie auf diese Idee? Was genau meinen Sie damit? Woraus ziehen Sie diese Erkenntnis?«

Beobachten Sie achtsam, was Tatsache und was Meinung ist. Geben Sie aber deshalb Ihre eigene Meinung nicht auf. Es geht vielmehr darum, dass Sie sich Ihrer Sicht auf die Welt bewusster werden. Welche Werte sind Ihrem Kollegen wichtig, Ihrem Kunden, Mitarbeiter oder Vorgesetzen? Werte gehören zum Weltbild einer Person, wodurch eine ganz persönliche Sichtweise entsteht. Sind Sie sich der Werte der Menschen, die Sie umgeben, bewusst? Es ist durchaus ratsam, sich damit zu befassen, denn wenn ein Kollege, dem Sie zuarbeiten, Wert auf Ordnung und Pünktlichkeit legt, verringern Sie das Konfliktpotenzial, wenn Sie seine Werte achten. Werte können beispielsweise sein:

- Zuverlässigkeit, Pünktlichkeit, Ordnung
- Hilfsbereitschaft, Toleranz
- Loyalität, Gerechtigkeit, Fairness
- Geduld, Ausgeglichenheit, Diplomatie
- Belastbarkeit, Durchsetzungskraft, Widerstandskraft
- Spontaneität, Flexibilität, Kreativität
- positive Grundeinstellung, gute Stimmung

Meine Werte-Karten

Legen Sie sich Ihre persönliche Sammlung von Werte-Karten an. Mit der Zeit entsteht so mehr Bewusstsein für die eigenen sowie für fremde Wertvorstellungen. Ziel ist es, eigene Einstellungen und Verhaltensweisen miteinander in Einklang zu bringen, denn so entsteht ein gutes Gefühl. Im nächsten Schritt können eigene und fremde Wertvorstellungen abgeglichen werden, um eine größere Toleranz anderen gegenüber zu gewinnen.

So funktioniert's

Sammeln Sie in der nächsten Zeit all die Werte, die Ihnen wichtig sind, und schreiben Sie diese auf. Sie können den jeweiligen Wert am Computer eingeben und auf Papier Ihrer Wahl ausdrucken oder den Begriff einfach auf einen Haftzettel schreiben oder ihn in Lettern auf eine Postkarte kleben und nach Belieben kreativ weiterbearbeiten (zum Beispiel mit Filzstiften, Masking-Tape oder weiteren Dekomaterialien).

Mit der Zeit legen Sie so Ihre persönliche Sammlung von Werte-Karten an.

Variationsmöglichkeiten:

- ◆ Ziehen Sie jeden Morgen eine Werte-Karte und überlegen Sie kurz, was Ihnen zum Begriff auf der Karte einfällt.
- ◆ Legen Sie sich die Werte-Karte auf den Schreibtisch, die am besten zu Ihrer aktuellen Situation passt und Sie unterstützt.
- ◆ Bei Unstimmigkeiten mit einer anderen Person können Sie sich fragen, welche Werte dem anderen wohl wichtig sind und an welchen Stellen die eigenen und die fremden Werte nicht miteinander harmonieren. Dies kann ein Ausgangspunkt für mehr gegenseitiges Verständnis sein.

Die Spielverderber – Schwierige Kunden, Kollegen und Vorgesetzte

Natürlich gibt es auch Menschen, mit denen kaum jemand auskommt. Jedoch werden nicht alle schwierigen Menschen zwingend von allen gleichermaßen als schwierig wahrgenommen. Je nach Erfahrungshintergrund und Persönlichkeitsstruktur versteht jeder unter einem »schwierigen Menschen« etwas anderes. Der eine empfindet vielleicht eine Person als schwierig, mit der ein anderer gut arbeiten kann, weil er es versteht, auf die speziellen Ansprüche und Bedürfnisse dieser Person einzugehen und sie mit ihren »Macken« und Fehlern anzunehmen, ohne Änderungsforderungen an sie zu richten.

Schwierige Menschen sind für uns in der Regel diejenigen, die nicht in unsere gewohnten Denk- und Handlungsmuster passen, die unseren Tagesablauf oder unsere geregelten Vorgehensweisen durcheinanderbringen, ungewohnte Argumentationsketten aufstellen, sich nicht ausreichend anpassen können oder auch einfach nur zu viel hinterfragen. Sie reagieren vielleicht nicht wie andere in gewohnter Weise, kritisieren oder widersprechen andauernd, sind vielleicht zu uneinsichtig oder verhalten sich sogar unfreundlich oder aggressiv.

Allgemein kann man also sagen, dass Menschen dann als schwierig wahrgenommen werden, wenn sie von der Mehrheit anderer in ihren Reaktionsmustern abweichen. Denn diese Abweichungen gefährden den zeitlichen und routinemäßigen Ablauf in der jeweiligen Organisation. Man muss sich länger und intensiver mit diesen Menschen auseinandersetzen. Sie haben vielleicht einen erhöhten Informationsbedarf, halten Termine nicht ein oder reagieren einfach nicht so wie andere. Sie provozieren oder haben überhöhte Erwartungen an ihr Gegenüber.

Aus verschiedenen Untersuchungen geht beispielsweise hervor, dass Klinikpersonal zwischen angenehmen und unangenehmen oder auch beliebten und unbeliebten Patienten unterscheidet. Als Idealpatient gilt derjenige, der sich schnell und gut an die Arbeitsumstände, die Organisation und die Bedingungen des Personals anpassen kann. Dabei werden die Bedürfnisse des Patienten jedoch völlig außer Acht gelassen. Schwierige Patienten und Angehörige dagegen fragen zu viel, sie passen sich der neuen Situation nicht schnell genug an. Sie lehnen Untersuchungen und Behandlungsvorschläge ab oder legen eine überkritische Haltung an den Tag. Sie reagieren nicht so, wie es das Personal gewohnt ist, sie kritisieren, erscheinen misstrauisch und uneinsichtig oder verhalten sich aggressiv und undankbar. Die Therapiemotivation gelingt nur mühselig, wobei die Anforderungen an den Therapeuten überhöht erscheinen.

Auf ähnliche Weise betrachten wir auch Kunden, Kollegen oder Vorgesetzte und klassifizieren sie als »einfach« oder »schwierig«. Machen Sie sich daher klar, dass Sie Ihr Gegenüber vor allem dann schwierig finden, wenn Sie andere Erwartungen an die gemeinsame Kommunikation, an Verhaltensweisen oder Ziele haben.

Gründe für schwieriges Verhalten

Hinter schwierigem Verhalten können sich viele Gründe verbergen. Ändern sich zum Beispiel die Arbeitssituation oder die Arbeitsbedingungen, ist es notwendig, sich auf die neuen Begebenheiten einzustellen. Alte Gewohnheiten aufzugeben fällt jedoch schwer, schließlich weiß man nicht genau, welche Nebeneffekte diese Neuerungen mit sich bringen. Veränderungen sind oftmals mit Ängsten und Befürchtungen verbunden. Ebenso stellen Informationsmangel oder Verständnisschwierigkeiten einen nicht zu unterschätzenden Faktor dar. Zudem gibt es Menschen, die schon mit einer kritischen Grundhaltung durchs Leben gehen oder bereits viele schlechte Vorerfahrungen in ähnlichen Situationen gesammelt haben, was sich natürlich auf ihr Verhalten in der aktuellen Situation auswirkt.

Auf vergleichbar schwierige Situationen reagieren verschiedene Menschen sehr unterschiedlich. Während der eine sich durch Fluchtverhalten aus der Situation rettet, verschafft sich ein anderer laut schreiend Gehör und ein Dritter meistert die Situation ganz gelassen und routiniert. Sollten sich Menschen also unangemessen oder unfreundlich Ihnen gegenüber verhalten, hat das nicht unbedingt mit Ihnen persönlich zu tun. Auch dann gilt es, eine professionelle Distanz einzuhalten. Lassen Sie Ihr Gegenüber ruhig unhöflich sein, das ist nicht Ihr Problem. Vielleicht löst sich die Unfreundlichkeit nach einiger Zeit sogar auf, wenn Sie des Öfteren miteinander zu tun haben. Aufgesetzte Freundlichkeit wäre in diesem Fall nicht ehrlich, das würde sicherlich auch Ihr Gegenüber bemerken und wahrscheinlich noch unfreundlicher oder provokanter reagieren. Rücken Sie stattdessen den Sachaspekt in den Vordergrund, die Sache, um die es eigentlich geht. Hat man häufiger miteinander zu tun, zum Beispiel unter Kollegen, kann auch hier eine ehrliche Rückmeldung helfen. Vielleicht ist dem Kollegen gar nicht bewusst, wie sein Verhalten ankommt.

Die Situation von außen betrachten

Bei dieser Übung geht es darum, die eigene Situation aus der Distanz heraus zu beobachten, sich von alten Gefühlen und Denkweisen zu befreien und dadurch die Möglichkeit zu gewinnen, die Dinge neu zu beurteilen.

So funktioniert's

Versetzen Sie sich doch einmal in die Lage eines Beobachters: Sie sitzen im Publikum und betrachten Ihre Situation von dort aus auf einer Theaterbühne. Dadurch, dass Sie im Publikum sitzen, können Sie selbst entscheiden, aus welcher Distanz Sie sich die Szene ansehen wollen.

- Wie wirkt die Szene beispielsweise, wenn man sie von ganz vorne betrachtet?
- Wie wirkt die Szene von ganz hinten, von der Mitte oder vom Rang aus?

- Was verändert sich bei den unterschiedlichen Distanzen?
- Wie klingen die Schauspieler auf der Bühne von Ihren unterschiedlichen Positionen aus?
- Wie wirken die Schauspieler auf Sie?

Ärger in positive Energie verwandeln

In der Zusammenarbeit mit schlecht gelaunten Menschen kann man schnell das Gefühl bekommen, fehl am Platz zu sein. Sie vermitteln uns, dass wir immer zur falschen Zeit am falschen Ort sind und den Anforderungen der Arbeitswelt generell nicht gerecht werden. Sie zeigen uns auf, dass wir nur über ein begrenztes Repertoire an Verhaltensmustern verfügen und auch in deren Auswahl sehr eingeschränkt sind. Doch wie schon erwähnt bieten uns gerade diese Situationen eine Chance zur Weiterentwicklung. Wenn wir uns klar werden, welche Reaktionsmöglichkeiten wir haben, die Hemmschwellen überwinden und eventuell neue Erkenntnisse dazugewinnen, lässt uns das innerlich reifen. Damit erweitern wir unsere Handlungskompetenz und übernehmen die Verantwortung für den Kommunikationsprozess, soweit es eben von unserer Seite aus möglich ist.

Alle negativen Gefühle, die schlecht gelaunte Arbeitskollegen, Vorgesetzte, Kunden und Klienten in uns auslösen, können eine Anspannung erzeugen, die leicht zu einer unkontrollierten Entladung führen kann. Unsere Gefühle entstehen schließlich recht spontan und haben nicht immer etwas mit Verstand oder Logik zu tun. Wenn Sie es schaffen, einen Schritt beiseitezutreten und sich von der persönlichen Betroffenheit zu distanzieren, haben Sie viel gewonnen. Atmen Sie erst einmal tief durch und lassen Sie sich nicht von der schlechten Laune Ihres Gegenübers anstecken. Versuchen Sie, etwas Abstand zu gewinnen und das Geschehen aus einem anderen Blickwinkel zu betrachten. Häufig hat der Miesepeter selbst ein Problem. Es geht dann weniger um Sie, eher weiß er gerade nicht wohin mit seiner negativen Ladung.

Die Kunst der professionellen Zusammenarbeit besteht darin, sich nicht von der schlechten Laune des anderen anstecken zu lassen. Reagieren beide Gesprächspartner schlecht gelaunt, kann sich die Situation schnell hochschaukeln, aggressiv werden und eskalieren. Wenn man sich dann in der nächsten Zeit im Unfrieden begegnet, entsteht ein schlechtes Gefühl und die Zusammenarbeit leidet darunter.

Eigene und fremde Anteile

Bestandteil einer ehrlichen Auseinandersetzung mit schwierigen Personen ist sicherlich die Frage nach den eigenen Anteilen an der schwierigen Situation und denen des anderen. Dazu ist es erst einmal sinnvoll, sich darüber klar zu werden, welche Eigenschaften diese Person »schwierig« machen. Diese Beurteilung sollte möglichst neutral, distanziert und objektiv erfolgen. Versuchen Sie zu ergründen, warum diese Person sich (scheinbar) schwierig, problematisch oder auffällig verhält.

Machen Sie sich auch Ihre eigenen Handlungs-, Reaktions- und Entscheidungsmuster ehrlich bewusst. Vielleicht löst gerade eine Eigenart Ihres eigenen Verhaltens beim anderen Wut, Enttäuschung oder Kränkung aus. Vielleicht könnte ein von Ihnen als unangemessen empfundenes Verhalten aus seiner Perspektive sogar verständlich sein. Oft treffen wir die Entscheidung, wie wir auf schwierige Menschen oder schwierige Situationen reagieren, unbewusst, ohne darüber nachzudenken. Wenn man jedoch weiß, dass einige eigene Verhaltensweisen schwieriges Verhalten beim anderen auslösen, kann man den bisherigen Umgang mit dieser Person hinterfragen. Man kann alternative Verhaltensweisen in Erwägung ziehen und überlegen, welche Reaktionsweisen den Umgang erleichtern könnten. Das Wissen um die Schwierigkeiten macht es einfacher, sie zu bewältigen.

Besonders heikel wird die Kommunikation, wenn es darum geht, dem anderen ein kritisches Feedback zu geben, ihn auf schwieriges Verhalten hinzuweisen. Kritiken und Provokationen werden gern sehr allgemein gehalten, sie treffen dann scheinbar auf sämtliche Situationen zu. Als Adressat kann man schnell das Gefühl bekommen, irgendwie in allem »nicht so ganz richtig« zu sein. Deshalb ist es wichtig, herauszufinden, was genau einem an der Person bzw. ihrem Verhalten stört. Bieten Sie umgekehrt auch Ihrem Gesprächspartner an, genauer einzukreisen, welche Störungen er wahrnimmt. Damit zeigen Sie ihm, dass Sie ihn wertschätzen, dass Sie sowohl seine Kritik als auch ihn als Person ernst nehmen. Wenn Sie selbst kritisiert werden und auf die beschriebene Art den Kritikpunkt eingekreist haben, sollten Sie nicht versuchen, die Kritik zu entkräften. Überlegen Sie, ob ein Körnchen Wahrheit darin liegt. Manchmal liegt die »Wahrheit« auch knapp daneben. Vielleicht äußert Ihr Gegenüber eine ganz andere Schwierigkeit, als die, um die es »eigentlich« geht. Achten Sie also auch auf die Zwischentöne.

Grenzen setzen – wenn nichts mehr hilft

Sicherlich bleibt ein verschwindend geringer Teil an Vorgesetzten, Mitarbeitern, Kunden oder Klienten übrig, bei denen das beste Einfühlungsvermögen, die souveränste Gesprächsführung und der toleranteste Umgang wenig nützen. Denn es gibt Menschen, denen niemand irgendetwas recht machen kann und die schlichtweg von allen als schwierige Zeitgenossen wahrgenommen werden. Trifft man auf einen solchen Menschen, der einem das Leben auf Dauer schwer macht, und sind alle Verhaltensmöglichkeiten ausgeschöpft, dann heißt es: Grenzen setzen. Denn niemand muss die schlechte Laune eines anderen ertragen.

Wenn die Kommunikation wichtig ist, suchen Sie das Gespräch. Im Sinne der Metakommunikation können Sie ansprechen, was Sie als »schlechte Laune« wahrnehmen, zum Beispiel starken Sarkasmus oder Provokationen. Beachten Sie dabei die zuvor beschriebenen Hinweise zum Anbringen von Kritik, denn wenn beide Gesprächspartner ähnlich mürrisch oder gar aggressiv reagieren, kann die Begegnung schnell eskalieren und man geht mit einem entsprechend unguten Gefühl auseinander.

Mögliche Reaktion auf Schlechtgelaunte:

- Akzeptieren Sie die schlechte Stimmung Ihres Gesprächspartners.
- Hören Sie auf den Inhalt des Gesagten ebenso wie auf die Zwischentöne und die dahinterstehenden Gefühle.
- Paraphrasieren Sie, um sicherzustellen, dass alles richtig verstanden wurde, fassen Sie also die Aussagen Ihres Gegenüber immer wieder zusammen.
- Nehmen und geben Sie im Gespräch, denn darauf bauen Beziehungen auf. Geben Sie Feedback, teilen Sie also Ihre Sicht der Dinge mit.
- Gebieten Sie persönlichen Angriffen Einhalt und führen Sie das Gespräch immer wieder auf die Sachebene zurück.

Ärger auf sinnvolle Art Ausdruck verleihen

Im Arbeitsleben gibt es vieles, was uns ärgert und der guten Laune einen Dämpfer versetzt. Es ist nicht immer leicht, seinen Ärger auszudrücken, und auch nicht immer angemessen. Wir wurden dazu erzogen, höflich und nett zu sein, deshalb scheuen wir Konflikte. Halten wir den Ärger jedoch zu lange fest, bleibt der Druck in unserem Innern und stört unser inneres Gleichgewicht. Dabei ist Ärger ein wichtiges Ventil, um inneren Druck abbauen zu können. Hin und wieder kann Ärger auch ein ehrliches und hilfreiches Ausdrucksmittel sein. Es kommt darauf an, in welcher Situation man ihm Ausdruck verleiht, wem gegenüber und in welcher Form. Dosiert Dampf abzulassen, ist manchmal wichtig, um sich abzugrenzen oder sich Gehör zu verschaffen. Wenn dies zu einer Bereinigung der Situation führt, verbessert sich die Lage für alle Beteiligten.

Den Ärger auszudrücken, ist aber keinesfalls damit gleichzusetzen, die Beherrschung zu verlieren. Die Beherrschung zu verlieren bedeutet einen Kontrollverlust. Wenn Sie also merken, dass Ihre Emotionen überkochen, dann ziehen Sie sich lieber aus der Situation zurück und vertagen Sie die ganze Sache auf später. Falls es aber doch zu einem unkontrollierten Ausbruch von Ärger kommt – was in der Arbeitswelt gar nicht so selten vorkommt –, bleibt einem nichts anderes übrig, als sich wieder zu beruhigen und sich anschließend zu erklären und zu entschuldigen. Dabei geht es nicht darum, sich für die Gefühle selbst zu entschuldigen, sondern für den Kontrollverlust.

Kontrollverlust vermeiden

- Gestehen Sie sich zunächst einmal Ihren Ärger ein.
- Atmen Sie nun tief durch, damit Sie nichts Unüberlegtes tun.
- Wenn Sie befürchten, die Kontrolle über sich zu verlieren, widmen Sie sich erst einmal einer anderen Tätigkeit: Bewegung tut gut, bringen Sie also zum Beispiel etwas ins Archiv. Schnelles Gehen hilft, die Energie des Ärgers abzubauen.
- Wenn der erste Energieschub abgebaut ist, können Sie sich darauf einstellen, dem Verursacher des Ärgers noch einmal zu begegnen.

Den eigenen Standpunkt deutlich machen

- Sagen Sie klar und ohne Umschweife, was Sie möchten, am besten ohne weitreichende Begründungen oder Entschuldigungen, Bitten um Verständnis oder Ähnliches.
- Formulieren Sie Ihr Anliegen deutlich.
- Achten Sie darauf, Formulierungen zu nutzen, die dem anderen helfen, aufgeschlossen zu sein. Den anderen überreden zu wollen, ihn moralisch zu erpressen oder ihm auf andere Art die eigene Meinung aufzuzwingen, wird höchstens kurzfristig erfolgreich sein.
- Verlieren Sie sich nicht in endlosen Debatten oder in einem »Schweigekrieg«, sonst verlieren Sie Ihre langfristigen Ziele aus den Augen.
- Sie sollten so wenig Leute wie möglich in einen Konflikt hineinziehen und schon gar keine Unbeteiligten.

- Denken Sie nicht in Sieg und Niederlage, hegen Sie keine Rachegedanken.
- An erster Stelle steht immer die Versöhnung oder wenigstens die Normalisierung des Umgangstons.
- Erzählen Sie Außenstehenden nichts über den aktuellen Konflikt.

Anerkennung und Feedback

Anerkennung und Wertschätzung machen gute Laune. Doch positive Rückmeldungen sind im Berufsalltag nicht die Regel. Wer nicht gerade im Fernsehen auftritt, Popstar, Model oder Schauspieler ist, für den sind die Chancen gering, im Job häufiger eine positive Rückmeldung zu erhalten. So erzählte mir eine Klientin, dass ihr Chef auf die Frage nach einem Lob für ihre Leistung geantwortet habe: »Ihre Anerkennung ist mit dem Gehalt abgegolten.« Mit positivem Feedback können wir also nicht grundsätzlich rechnen. Wenn jemand Anerkennung äußert, ist das schön, doch letztendlich muss jeder seine Aufgaben erfüllen können, auch ohne dass er gelobt wird.

Achten Sie dennoch darauf, dass Sie Wertschätzung erhalten – und auch selbst austeilen. Loben Sie also die Leistungen Ihrer Kollegen, denn was man selbst gerne hätte, sollte man auch anderen zukommen lassen. Wenn Lob und Wertschätzung nicht zur Unternehmenskultur der Firma gehören, in der Sie arbeiten, geben Sie sich selbst Feedback. Belohnen Sie sich beispielsweise für eine besondere Leistung mit dem Gang ins Solebad, ins Kino, auf den Golfplatz oder in ein gutes Restaurant.

 ## Lob und Anerkennung

Versuchen Sie sich einmal zu erinnern, wann Sie selbst das letzte Mal positive Rückmeldungen verteilt haben:
Wann haben Sie sich zuletzt bei einem Kollegen für die gute Zuarbeit bedankt? Oder gar bei Ihrem Chef für die gute Urlaubsplanung?

Feedback geben

Ein Feedback ist eine Rückmeldung zu einer Situation, zu einer Verhaltensweise oder einem Verlauf. Es kann sowohl positiv als auch negativ sein. Insbesondere kritisches Feedback wird nicht immer gern gegeben und selten gern angenommen. Hier sind ausgeprägte emotionale Kompetenzen gefragt, um das Feedback zum Wohle aller Beteiligten einzusetzen.

Der Feedback-Geber trägt dabei eine hohe Verantwortung, denn er legt die Basis dafür, dass der Feedback-Nehmer die Rückmeldung annehmen kann. Er sollte daher immer erst überlegen, was er mit seinem Feedback erreichen will. Feedback kann hilfreich sein, um Missverständnisse aus dem Weg zu räumen, Fehler zu korrigieren und Erfolge angemessen wahrzunehmen, denn auch Lob ist ein Feedback. Ein Feedback wird direkt an die Person gerichtet, die es betrifft. Es sollte offen, ehrlich und stets wertschätzend sein und in der Ich-Perspektive formuliert werden: »Ich finde … Ich denke … Ich fühle …« Dies macht deutlich, dass es sich um eine subjektive Betrachtung handelt.

Ein Feedback sollte außerdem verständlich, einfach und klar sein, damit die Person, die es betrifft, damit auch etwas anfangen und es annehmen kann. Zu viele Worte schwächen die Wirkung ab.

Ein Feedback darf eine konstruktive Kritik beinhalten. »Konstruktiv« bedeutet, nicht nur zu meckern, sondern Ergänzungs- oder Alternativvorschläge zu machen, die erzielte Wirkung zu spiegeln und – das sollte keinesfalls vergessen werden – auch positive Aspekte zu benennen.

Wenn die schlechte Laune eines anderen für Sie unerträglich ist, sollten Sie so früh wie möglich Feedback geben. Je dichter sich ein Feedback an ein aktuelles Geschehen anschließt, desto einfacher lassen sich Ärger und Missverständnisse aus der Welt schaffen und umso nachvollziehbarer ist das Feedback für den Empfänger. Warten Sie nicht erst, bis sich zu viel Wut angestaut hat. Das Gespräch sollte in einer ruhigen Atmosphäre erfolgen, ohne dass andere etwas davon mitbekommen.

Übernehmen Sie nicht nur Verantwortung für das, was Sie sagen, sondern auch dafür, wie Sie es sagen, also für Ihren Tonfall, für Ihre Gestik und Mimik. Urteilen Sie nicht über die Person selbst und unterscheiden Sie deutlich zwischen Aussagen

◆ über die Situation/das Setting,
◆ über das beobachtete Verhalten (die schlechte Laune),
◆ über die in Ihnen entstandenen Gefühle.

Feedback annehmen

Wechseln wir nun die Seite und betrachten die Perspektive desjenigen, der ein Feedback erhält. Sicher werden Sie sich auch in dieser Rolle gelegentlich wiederfinden. Ein Feedback anzunehmen bedeutet ein Geschenk anzunehmen. Gerade beim Zuhören befindet sich der Beschenkte daher in der passiven Rolle des Empfängers. Ein konstruktives Feedback ist eine Chance, zu erfahren, wie man auf die Außenwelt wirkt, was die eigenen Persönlichkeitseigenschaften und Verhaltensweisen oder die eigene Köpersprache bei anderen auslösen. Fragen Sie nach, wenn Sie die Rückmeldung nicht verstehen, aber diskutieren Sie das Feedback nicht. Sie selbst entscheiden, was Ihnen davon wichtig ist.

Tipps, um Feedback anzunehmen

◆ Geben Sie dem Feedback-Geber Raum für seine Rückmeldungen.
◆ Sagen Sie eventuell, worüber Sie sich konkret ein Feedback wünschen.

- Prüfen Sie, ob Sie die Aussagen verstanden haben und mit Ihrer Eigenwahrnehmung und Ihrem Verhalten in Verbindung bringen können.
- Fassen Sie die Aussagen Ihres Gegenübers in Ihren eigenen Worten zusammen, z. B.: »Sie meinen also, dass ich mich beim nächsten Mal mehr einbringen sollte.«
- Distanzieren Sie sich innerlich, falls Vorwürfe kommen, und bringen Sie das Gespräch wieder auf die Sachebene.
- Fragen Sie sich, was Sie aus diesem Feedback lernen können.
- Beginnen Sie nicht sofort, sich zu verteidigen, argumentativ gegenzuhalten oder sich zu rechtfertigen. Lassen Sie stattdessen die Aussagen wirken, gerade wenn die Gefühlsebene betroffen ist.
- Fragen Sie bei verallgemeinernden Aussagen genau nach, welche konkreten Situationen mit »alle«, »man« oder »immer« gemeint sind.
- Teilen Sie Ihre Reaktion auf das Feedback mit. Was haben Sie als nützlich und hilfreich empfunden, womit können Sie gar nichts anfangen?
- Lassen Sie das Feedback eine Weile auf sich wirken und überlegen nach einigen Tagen erneut, was Sie aus dieser Feedbacksituation für sich mitnehmen.

Gut gelaunte Kollegen entdecken

Üblicherweise legen wir unseren Fokus auf die Kunden, Kollegen und Vorgesetzte, deren schlechte Laune uns auffällt. Machen Sie es doch ab jetzt anders: Suchen Sie diejenigen heraus, deren gute Stimmung ansteckend auf Sie wirkt.

So funktioniert's

Achten Sie in Ihrem näheren Umfeld oder, falls Sie dort niemanden entdecken, auch in Ihrem weiteren Umfeld, beim Einkaufen, bei Behördengängen oder in Ihrer Verwandtschaft auf die Personen, die gut gelaunt durchs Leben gehen. Fragen Sie sich: Wie machen die das eigentlich?

Manchmal ist es nur eine aufgesetzte Fassade von Freundlichkeit, bei anderen fühlt sich die gute Laune hingegen ganz echt an. Einige behalten sogar im größten Chaos noch ein Lächeln auf den Lippen oder sehen das Positive selbst beim Ausbleiben des Weihnachtsgeldes. Aus welchem Blickwinkel betrachten diese Kollegen wohl die gemeinsame Arbeitswelt?

Denken Sie doch beim nächsten Mal, wenn Ihnen etwas auf die Laune schlägt, an diese gut gelaunten Menschen. Welche Denkweisen können Sie sich eventuell von ihnen abschauen? Wo sehen diese Leute Möglichkeiten, die Sie eventuell nicht wahrnehmen? Und welche Reaktionsweise käme dementsprechend auch für Sie infrage?

6.
Keine Zeit verlieren

Dieses Kapitel beschäftigt sich mit dem Umgang mit der Zeit. Wir haben häufig das Gefühl, Zeit zu verschwenden. Zum Beispiel, wenn wir im Stau stehen, wenn wir darauf warten, dass ein Kollege endlich einen Vorgang bearbeitet, oder wenn wir auf einen Kunden warten, der sich verspätet. Häufig verbringen wir die Zeit damit, uns zu langweilen. Gerade dann, wenn die Wartezeit nicht sinnvoll erscheint, beginnen wir, uns zu ärgern. Was macht diesen Zeitdruck aus, wie schlägt er sich auf die Stimmung nieder und wie können wir das Beste daraus machen?

Wenn die Zeit stillsteht

Diana sitzt auf einem Kissen, unter sich die Yogamatte. Es sind zwölf Leute im Raum und es ist fast ruhig – mit Betonung auf »fast«. Diana hat die Augen geschlossen, weil die Kursleiterin das so angeordnet hat. Ihre Hände sind nach oben geöffnet, sodass die Erleuchtung direkt von oben in sie einfließen kann. Und dabei ärgert sie sich. Sie ärgert sich über ihre Kollegin Marianne, die gesagt hat, der Meditationskurs sei eine lebensverändernde Erfahrung für sie gewesen. Sie ärgert sich über den einzigen Mann vorne rechts, der sich in einer Tour räuspert, sodass es niemals still ist, und sie ärgert sich über die Frau neben ihr, die ihr so nah auf die Pelle gerückt ist, dass ihre Matten sich am Fußende überschneiden. Und wenn sie schon einmal dabei ist, kommt auch gleich der ganze Ärger des heutigen Tages hoch. Der Ärger mit der Rechnungsabteilung, die mit den Abrechnungen nicht in die Gänge kommt, und über ihren Chef, der den Vertragsentwurf nun schon über zwei Wochen zur Ansicht auf seinem Schreibtisch liegen hat. Sie blinzelt zur Kursleiterin hinüber, die selbstversunken vor ihr sitzt und einfach nichts tut. So leicht würde Diana ihr Geld auch gern mal verdienen.

In der Zeitung hatte sie gelesen, Meditation hilft, zur Ruhe zu kommen, Stress abzubauen und zu sich zu finden. Daraufhin hat sie sich erkundigt, wie das genau geht, und hat es zu Hause allein ausprobiert. Doch ihr inneres Zentrum, von dem alle sprachen, konnte sie dabei nicht finden. Im Kurs läuft es bisher allerdings auch nicht besser. Die Kursleiterin spricht von sandigen Stränden, die vor ihrem inneren

Auge erscheinen sollen, von bunten Farben, die sich ineinander vermischen, von mystischen Orten und Reisen durch den eigenen Körper. Doch das, was sie wirklich wahrnimmt, sind ihre Rückenschmerzen vom vielen Sitzen im Büro und ihr Bein, das sich willentlich nicht mehr steuern lässt, weil es eingeschlafen ist. Von Leichtigkeit, Gelassenheit und der direkten Verbindung nach oben spürt sie nichts. An diesem dritten Termin ist es ihr schon schwergefallen, sich aufzuraffen, um überhaupt herzukommen. Sie muss sich nun eingestehen, dass ihr dieser Kurs nicht guttut. Sie fühlt sich hier einfach nur unwohl und ihr fallen Dinge ein, die sie stattdessen erledigen könnte. Sie ist froh, dass die Kursleiterin endlich das Ende einleitet. Und doch fühlt es sich wie ein Versagen an. Was soll sie den anderen erzählen, wo doch alle so begeistert davon sind?

Einige Tage später ist Diana zum Geburtstag ihrer Nichte eingeladen. Alle sitzen draußen im Garten, die Sonne scheint und die Kinder spielen Verstecken. Eigentlich wollte sie nur eine halbe Stunde vorbeikommen, doch dann merkt sie, wie selten sie eigentlich draußen ist. Sie genießt die Gemeinsamkeit, die Sonnenstrahlen auf ihrer Haut, das Vogelgezwitscher und das Lachen der Kinder … Und dann kann sie auf einmal spüren, wie die Zeit stillsteht, obwohl sich die Uhr weiterbewegt. Wie sich die Gedanken beruhigen und eine innere Leere eintritt, wie ihr Körper sich entspannt und ihr Gesicht von sich aus lächelt.

Können Sie ohne Weiteres vom Arbeits- ins Freizeitprogramm
umschalten?
Wofür können Sie dankbar sein?
Wofür sollten Sie sich unbedingt Zeit nehmen?
Wobei könnten Sie gelassener werden?

Wie Wartezeit zu einer sinnvollen Zeit wird

Oft haben wir den Eindruck, viel zu viel Zeit zu verlieren und
zu verschwenden. Aber wie kann das sein, wo doch jeder Tag
bekanntlich 24 Stunden lang ist? Wir lernen von klein auf: »Zeit
ist Geld.« Allein deshalb wollen wir jede Minute nutzen. Wer
mag schon freiwillig auf Geld verzichten? Häufig wollen oder
sollen wir allerdings mehr Dinge erledigen, als innerhalb eines
Arbeitstages möglich sind. Wir bemerken dabei gar nicht, dass
wir uns immer mehr Arbeit aufhalsen, die innerhalb der ange-
dachten Zeit gar nicht erledigt werden kann. So versetzen wir
uns selbst in eine Art Dauerhandlungsbereitschaft: Wir möchten
sofort handeln, jede Sache schnell und konsequent abarbeiten.
Diana aus der Geschichte »Wenn die Zeit stillsteht« geht es auch
so. Auf der einen Seite setzt die Arbeit uns unter einen gewissen

Zeitdruck, auf der anderen Seite machen wir uns diesen Druck aber auch selbst, indem wir uns beispielsweise selbst in unserer Freizeit unter Leistungsdruck setzen. Wenn wir dann jedoch einmal darauf angewiesen sind, zu warten, wissen wir mit der »Wartezeit« wenig anzufangen. Damit wir diese Zeit nicht als Verschwendung von Lebenszeit betrachten, können wir einen alternativen Blick auf das Warten werfen.

Wenn Warten die Geduld strapaziert

Das Warten ist für die meisten Menschen unangenehm und nur schwer auszuhalten. Dabei ist es völlig egal, ob man trotz eines Termins beim Arzt warten muss, in der Warteschlange auf dem Amt sitzt oder einen Vorgang erst weiterbearbeiten kann, wenn der Kollege endlich die Vorarbeit dazu geleistet hat. Warten ist ein Verlust der Selbstbestimmung und deshalb »nervt« Warten ganz gewaltig. Sich die gute Laune verderben zu lassen und sich immer mehr aufzuregen, nützt jedoch wenig. Die Realität ist, wie sie ist, und unsere Lage lässt sich nicht immer völlig selbstbestimmen. Das wird gerade in Wartesituationen deutlich, bei denen wir es nicht in der Hand haben, sie zu ändern oder zu verlassen.

Wie lange einem eine Wartezeit vorkommt, ist sehr unterschiedlich. Es gibt Situationen, in denen sich Minuten wie Stunden anfühlen, und wiederum andere, in denen die Zeit recht schnell verfliegt. Besonders wenn man es eilig hat, zu einem Termin zu kommen, scheinen sich Wartezeiten unendlich auszudehnen. Der Moment, der gerade noch unbeachtet war, rückt ins Zentrum der Aufmerksamkeit. Beim Stau ist nicht mehr die Autofahrt an sich interessant, sondern der anschließende Arbeitsbeginn, der in der Zukunft liegt. Wenn wir auf diese Art und Weise warten, haben wir eigentlich ein Ziel, das wir erreichen wollen. Dort möchten wir hin – und kein Spielball unglücklicher Umstände sein.

Zum Teil ist das unserem linearen Zeitverständnis geschuldet: Wir leben mit der Vorstellung, dass das Leben eine Reise ist, die irgendwann endet. Wir denken also immer in zukünftigen Ereignissen und empfinden daher das Warten als eine unangenehme Beeinträchtigung der Gegenwart.

Was können wir tun, um uns durch das Warten die Laune nicht verderben zu lassen? Wir können versuchen, unsere Lebenszeit nicht durch Ereignisse oder andere Menschen entwerten zu lassen. Auch die Zeit im Stau lässt sich mit Sinn füllen. Gerade wenn viele negative Gefühle im Vordergrund stehen, das Geschehen von Druck oder Hektik überlagert ist, weil wir auf ein Ziel hindenken, können wir versuchen, uns wieder im Hier und Jetzt zu verankern. Wer öfter im Stau steht, könnte sich aber auch Stift und Zettel an das Armaturenbrett kleben, um eine Einkaufsliste zu erstellen, Ideen aufzuschreiben oder Dinge, an die man unbedingt denken muss. Mir hilft es manchmal, mein Diktiergerät dabei zu haben, denn im Stau kommen mir häufig viele Ideen, die ich schnell wieder vergesse, sobald ich das Gaspedal durchdrücken kann. Hilfreich ist es außerdem, sich bewusst zu machen, dass auch die Zeit des Wartens bald ein Ende haben wird. Wesentlich leichter fällt das Warten, wenn man seine Dauer in etwa abschätzen kann. Innere Ruhe entsteht durch das Gefühl, dass nichts verloren geht. Und das können wir durch unser Denken beeinflussen.

Dem Zeitdruck entkommen

Dinge sofort erledigen zu wollen, es aber nicht zu können, setzt uns unter Druck. Unter Druck neigen wir dazu, Zusammenhänge nicht zu erkennen, Fehler zu machen und den Blick für das Wesentliche zu verlieren. Sinnvoller wäre es daher, sich kurz zurückzulehnen, durchzuatmen und sich in die äußeren Gegebenheiten zu fügen. »Der Stau löst sich nicht schneller auf, wenn ich schlechte Laune bekomme.« Mit dieser Erkenntnis bekommt man wieder einen klareren Kopf und kann sich auf das konzentrieren, was im Augenblick möglich ist: Musik hören, mit dem Autofahrer nebenan flirten, Notizen für das nächste Meeting machen oder Ähnliches. Nehmen wir solche Wartesituationen als einen Umstand hin, den wir gerade nicht beeinflussen können, können wir mit mehr Gelassenheit darauf reagieren.

Natürlich hat die Art und Weise, wie jemand eine Wartezeit erlebt und nutzt, auch mit den individuellen Vorerfahrungen zu tun. Nicht jeder ärgert sich über eine Wartezeit oder wird gar wütend, wenn er warten muss. Wer allerdings grundsätzlich das Gefühl hat, im Leben immer an der falschen Kasse zu stehen, bei der es einfach nicht weitergeht, wird in Wartesituationen wahrscheinlich generell einen hohen Druck verspüren. Mitentscheidend ist auch der Charakter eines Menschen. Wer sich schnell aufregt, der wird auch vom Warten rasch genervt sein. Wer dagegen von Natur aus eine große Portion Gelassenheit mitbringt, wird auch in einer Wartesituation gelassen reagieren.

Letztlich können wir das Warten jedoch immer als Chance begreifen, unser Zeitempfinden zu hinterfragen und unsere Gedanken in die Gegenwart zu lenken. Unsere Gedanken haben mit der Gegenwart meist wenig zu tun, sie drängen aus dem Hintergrund der Vergangenheit in die Gegenwart oder eilen voraus in die Zukunft. Aber die Zeit, in der wir wirklich lebendig sind, ist jetzt. Wir leben nicht in der Vergangenheit, denn diese ist schon vorbei, und das Morgen wiederum ist noch nicht da. Wir leben jetzt.

Das lange Warten auf die Frei-Zeit

Es gibt aber noch eine andere Form des Wartens, die im Leben von Berufstätigen eine große Rolle spielt: das Warten auf die Freizeit. Die meisten Menschen kommen völlig erledigt, gestresst und ausgelaugt von der Arbeit nach Hause. Am liebsten würden sie dann den Rest des Tages mit einer Tüte Chips auf der Couch vor dem Fernseher verbringen. Für Familie, Freunde oder Hobbys fehlt die Kraft. Dabei bleiben abzüglich eines vollen Arbeitstages, der An- und Abfahrtzeiten sowie des Schlafes noch durchschnittlich sechs Stunden Privatzeit am Tag übrig. Das ist gar nicht so wenig, wenn man sich einmal vor Augen führt, dass sechs Stunden ein Viertel eines ganzen Tages sind. Kommt der Arbeitsstress gar nicht erst mit nach Hause, kann man allein, mit Freunden oder der Familie am Abend noch jede Menge unternehmen und diese Unternehmungen auch genießen.

Wenn das bei Ihnen noch nicht funktioniert, könnten Sie von nun an versuchen, den Arbeitsstress auch wirklich auf der Arbeit zu lassen oder ihn auf dem Nachhauseweg abzuschütteln. Suchen Sie sich kleine Rituale, mit denen Sie vom Arbeits- in den Freizeitmodus umschalten. Wenn Sie solche kleinen Gewohnheiten täglich wiederholen, werden sie zu einer Routine, die Ihnen Freizeit, Erholung und Entspannung signalisiert.

Und dann gibt es noch das ganz große Warten: Für viele ist der langersehnte Urlaub das Beste am ganzen Jahr. Man arbeitet hart, stellt die Bedürfnisse nach Erholung und Regeneration zurück, weil man auf eben diese freien Tage wartet. Am besten verbringt man sie in einer anderen Umgebung – Sommer, Sonne, Strand und Meer. Das wäre eine angemessene Entschädigung für die harte Arbeit der letzten Monate. So denken viele. Doch ist das nicht immer so. Das Abschalten gelingt nicht auf Knopfdruck.

Einige Tipps, wie Sie Ihre freie Zeit besser genießen können:

- Nehmen Sie keine Arbeitsunterlagen oder Aufgaben mit nach Hause, sondern legen Sie sich diese Arbeit für den nächsten Morgen zurecht. Denn selbst wenn Sie zu Hause gar nicht dazu kommen, Ihre Arbeit weiterzuführen, haben Sie doch immer Sätze wie »Eigentlich müsste ich noch …« oder »Ich sollte mich noch einmal dransetzen« im Hinterkopf.

- Sie sollten zu Hause auch nicht über das Handy beruflich erreichbar sein. Ihr Partner oder Ihre Kinder haben sonst den Eindruck, dass sie immer hinter beruflichen Belangen zurückstehen müssen, selbst wenn die Zeit eigentlich für sie reserviert ist.

- Lassen Sie alle Gedanken, die zur Arbeit gehören, an Ihrem Arbeitsplatz. Sie können sich für den nächsten Tag eine To-do-Liste anlegen, damit Sie nichts vergessen. Räumen Sie, bevor Sie gehen, Ihren Arbeitsplatz auf und legen Sie die wichtigsten Vorgänge oben auf den Stapel. Das macht den Kopf erst einmal frei.

- Machen Sie sich auf dem Weg von der Arbeit nach Hause bewusst, was Sie an diesem Arbeitstag alles geleistet haben.

Ihre persönliche Zeit

Damit wir unsere Gesundheit erhalten, brauchen wir Zeiten für Körper, Geist und Seele. Hier ist es wichtig, die Verantwortung für sich selbst zu übernehmen und in allen Bereichen des Lebens gut für sich zu sorgen. Das bedeutet, eine innere Haltung einzunehmen, in der man sich selbst wichtig ist und sich wertschätzt. Denn nur dann nimmt man sich Zeit für sich selbst und geht gut mit sich um. Nutzen Sie Zeitnischen, um achtsam dafür zu sein, was Sie für Ihr Wohlbefinden, Ihre Erholung und Ihre Kraft brauchen. Man kann nur dann gut für sich sorgen, wenn man die eigenen körperlichen und seelischen Bedürfnisse wahrnimmt, sie anerkennt und sich tatkräftig um sie kümmert. Achten Sie daher gut auf Ihre Grenzen.

Wie viel Zeit verbringen Sie gerne mit sich selbst?

Jeder Arbeitszyklus beinhaltet in der Regel auch einige Pausenzeiten. Auszeiten zum Abschalten, Luftholen und Auftanken sind sogar gesetzlich vorgeschrieben. Kaum etwas ist wichtiger als Zeit für sich selbst. Eine ganz persönliche Zeit, die nur einem selbst gehört und über die kein anderer verfügt. Um schlechter Laune vorzubeugen und sich dem Druck des Alltags auch mal zu entziehen, kann man eine tägliche Zeitspanne für sich selbst einplanen. In dieser Zeit sollten Sie ohne Handy, ohne Computer, ohne Fernseher und ohne Radio auskommen. Eine ganz persönliche Zeit ist sogar eine Zeit ohne die Kinder, ohne den Partner und ohne Freunde. In dieser Zeit sollten Sie Ihre Gedanken nicht auf die Arbeit lenken und nicht auf Probleme, denn es geht um eine Zeitspanne ohne äußere Stimulation, in der der Geist zur Ruhe kommen und sich erholen kann.

Probieren Sie doch einfach mal aus, wie viel Zeit Sie gerne mit sich selbst verbringen und wie viel Zeit Sie dafür pro Tag erübrigen können. Eine halbe Stunde vielleicht oder 20 Minuten? Sie können diese Zeit gleich morgens nach dem Aufstehen einplanen, in der Mittagspause oder abends vor dem Zubettgehen. Natürlich sollte Ihre persönliche Zeit Sie nicht von der Arbeit abhalten oder den Tagesablauf stören. Suchen Sie sich besser eine Zeitnische, in die Ihre persönliche Zeit auch wirklich hineinpasst.

Wenn Sie noch nicht so recht wissen, was Sie mit Ihrer persönlichen Zeit anfangen können, lassen Sie sich von Ihren Impulsen leiten. Vielleicht gibt es eine Fähigkeit, die Sie schon lange vernachlässigt haben? Zum Beispiel:

- Malen oder Zeichnen
- Schnitzen oder Nähen
- Musizieren oder Singen

Lassen Sie sich auch von den folgenden Vorschlägen für Auszeiten und Ruhephasen inspirieren. Mit solchen Ruhephasen tun Sie etwas für Ihre Gesundheit, legen sich ein Schutzschild gegen

Druck und Stress zu und lernen, sich weniger unnötige Gedanken über Schwierigkeiten und Probleme zu machen.

Einfach mal durchatmen

In vielen Entspannungsverfahren ist die Atmung die Basis, denn sie unterliegt nicht unserer willkürlichen Kontrolle. Wir müssen atmen, weil das Atmen ein menschlicher Reflex ist. Aber die Art und Weise, wie wir atmen, können wir steuern. Wenn wir gereizt sind, nervös oder angespannt, atmen wir kurz, flach und schnell. Eine solche Atmungsweise verstärkt allerdings die Anspannung. Wenn wir unter Anspannung stehen, atmen wie in der Regel viel ein und wenig aus, sodass wir nicht genug verbrauchte Luft ausatmen. In der Anspannung machen wir auch mehr Atemzüge pro Minute als in der Entspannung.

Mit einer guten tiefen Atmung und einer niedrigen Frequenz von etwa zehn bis zwölf Atemzügen pro Minute in der Entspannung können wir unseren Blutkreislauf mit ausreichend Sauerstoff versorgen und ermöglichen unserem Körper, die verbrauchte Luft aus den Lungen auszuatmen. Die Verlangsamung der Atmung hat einen entspannenden Effekt auf den Körper. Einerseits fühlen wir uns dadurch entspannter, andererseits können wir in schlechter Stimmung genau diese Atemtechnik einsetzen, um uns besser zu fühlen. Die Ruheatmung können Sie auch zwischendurch am Schreibtisch oder in der Pause im Stehen ausprobieren.

Tipps zum Durchatmen

- Lassen Sie öfter mal Frischluft in Ihren Arbeitsraum.
- Stellen Sie sich in der Pause an das geöffnete Fenster und atmen Sie tief durch.
- Atmen Sie zwischendurch auch hin und wieder einige Male tief in den Bauchraum.
- Gehen Sie in den Pausen gelegentlich vor die Tür, um tief durchzuatmen.

Mit der Stimme die Stimmung heben

Fast jeder Mensch ist empfänglich für Musik. Singen macht Spaß und kann zugleich tief berühren. Viele Menschen, die gut drauf sind, summen, pfeifen oder singen ein Lied. Gesang transportiert Gefühl, erzeugt Stimmungen, weckt Sehnsüchte und hilft dabei, sich selbst wieder ins Gleichgewicht zu bringen.

Die meisten Menschen haben einen Tonumfang von ungefähr zwei Oktaven. Für viele Songs ist das durchaus ausreichend. Töne entstehen durch das Zusammenwirken von Stimme, Atmung sowie verschiedenen Körperregionen. Der Körper richtet sich auf, der Rücken strafft sich und die Atmung geht tiefer. Während die Füße etwa schulterbreit auf dem Boden stehen, dürfen Schultern, Hals und Kiefer sich entspannen. Die eigentliche Spannung kommt aus dem Bauchraum. Mit der Atmung wird der Ton erzeugt, gestützt, lauter oder leiser moduliert.

Es gibt Lieder, die uns emotional berühren. Musik kann traurig machen oder beschwingt, sie kann Ruhe unterstützen oder uns beleben. Einige Lieder aus alten Zeiten lösen in uns Erinnerungen aus und wir fühlen uns dabei fast wie früher. Musik schafft also emotionale Verknüpfungen. Viele Sportler haben deshalb ihren ganz persönlichen Power-Song. Boxer steigen nicht ohne Musik in den Ring, bei der Fußballweltmeisterschaft dürfen die Nationalhymne und die Fangesänge nicht fehlen. Dieser Effekt lässt sich auch in der Arbeitswelt nutzen, um eine gute Stimmung zu erzeugen. Ob bei einem Teammeeting, der Betriebsfeier oder dem Jubiläum. Im Team ist das Singen ein Ausdruck von Gemeinschaft und Kooperation. Die Stimmung steigt und auch Kollegen, die gerade nicht so gut drauf sind, fühlen sich beim Singen meist gleich besser.

Doch es spricht nichts dagegen, auch ganz allein, nur für sich selbst zu singen. Singen ist ein kreativer Vorgang, bei dem viele Menschen »loslassen« und abschalten können, weil sie in eine Art Flow-Zustand gelangen. Gefühl und Verstand werden durch Musik verbunden, sodass wir einerseits kognitiv gefordert und gleichzeitig emotional berührt werden. Ein Vorteil des Gesangs ist außerdem, dass man keine Instrumente braucht, denn die Stimme selbst ist das Instrument.

Wer es nicht gewohnt ist, zu singen, wird wahrscheinlich anfangs etwas unsicher sein und sich nicht trauen. Doch mit etwas Anleitung kann daraus ein sehr kreativer Prozess entstehen. Das Singen hat positive Effekte auf das psychische und physische Wohlbefinden. Musik stärkt das Immunsystem, baut Stress ab und wirkt sich günstig auf das Herz-Kreislauf-System aus. Studien legen zudem nahe, dass Singen eine verstärkte Ausschüttung von Dopamin bewirkt und damit eine Aktivierung unseres Belohnungssystems im Gehirn in Gang setzt. Es lohnt sich also, seine Scheu zu überwinden und einfach mal ein Liedchen zu schmettern!

Progressive Muskelentspannung

Auch Entspannungstechniken eignen sich gut für die Zeit, die man sich für sich selbst nimmt. Ein einfach zu erlernendes und sehr effektives Entspannungsverfahren ist die progressive Muskelentspannung, kurz PME, die in den 1930er-Jahren von dem Arzt und Physiologen Edmund Jacobson entwickelt wurde. Sie lässt sich überall anwenden und wird gerne als Einstieg in die Entspannung angeboten, weil die Konzentration erst einmal auf körperliche Vorgänge gerichtet wird und der Entspannungseffekt recht schnell spürbar ist.

Jacobson fand heraus, dass negative Emotionen wie Angst und Stress mit einer verstärkten Anspannung der Muskulatur einhergehen. Durch gezielte Entspannung der einzelnen Muskelgruppen ließ sich diese psychische Anspannung bei seinen Patienten jedoch lösen. Im Laufe der Zeit wurde die anfangs recht komplizierte Technik der PME immer weiter vereinfacht. Die Übungen sind immer auf die gleiche Art und Weise aufgebaut und werden entweder im Sitzen oder im Liegen durchgeführt.

Dazu werden Muskelgruppen in festgelegter Reihenfolge gezielt angespannt und anschließend wieder entspannt. Mit dem Einatmen wird Spannung aufgebaut, einige Sekunden gehalten und mit dem Ausatmen langsam wieder gelöst. Anschließend spüren die Anwender etwa 30 Sekunden nach, wie sich die Veränderung anfühlt. Jede Sequenz wird mehrfach geübt, dann folgt eine kurze Pause, bevor es zur nächsten Übungssequenz geht. Unter gezielter Anleitung lassen sich die Muskelgruppen immer weiter zusammenfassen, sodass später eine mentale Entspannung eine körperliche Entspannung bewirkt. An- und Entspannen brauchen dabei nur noch gedanklich zu erfolgen.

Kurzanleitung progressive Muskelentspannung

Durch progressive Muskelentspannung ist es möglich, den Körper zu spüren, Anspannungen wahrzunehmen und Körper und Geist zu entspannen.

So funktioniert's

1. Setzen Sie sich auf einen Stuhl und stellen Sie beide Beine hüftbreit auseinander, die Füße stehen mit der ganzen Sohle auf dem Boden.
2. Spüren Sie in Ihren Körper hinein und richten Sie Ihre Aufmerksamkeit auf Ihre beiden Arme.
3. Spannen Sie die Armmuskulatur für etwa 30 Sekunden gleichmäßig an, indem Sie gleichzeitig die Fäuste ballen,

beide Arme anwinkeln und gegen den Oberkörper drücken. Dann lösen Sie die Anspannung und spüren etwa 30 Sekunden nach, wie sich die Veränderung von Anspannung und Entspannung anfühlt. Wiederholen Sie diesen Vorgang dreimal. Anschließend lassen Sie Ihre Arme locker auf den Oberschenkeln ruhen

4. Im Anschluss spannen Sie Ihr Gesicht für etwa 30 Sekunden an, indem Sie gleichzeitig die Augenbrauen hochziehen, die Augen leicht zukneifen, die Nase rümpfen, Lippen und Zähne aufeinanderpressen und die Zunge gegen den Gaumen pressen. Dann lösen Sie die Anspannung und spüren etwa 30 Sekunden nach, wie sich die Veränderung von Anspannung und Entspannung anfühlt. Wiederholen Sie diesen Vorgang dreimal.

5. Ziehen Sie nun die Schultern hoch und drücken die Schulterblätter zusammen, dabei machen Sie ein leichtes Hohlkreuz. Halten Sie die Anspannung etwa 30 Sekunden, dann lösen Sie die Anspannung wieder und spüren kurz nach, wie sich das anfühlt. Wiederholen Sie diesen Vorgang dreimal.

6. Zum Schluss spannen Sie das Gesäß und die Beine an. Die Füße rollen sich dabei leicht nach innen. Halten Sie die Anspannung etwa 30 Sekunden, dann lösen Sie sie wieder und spüren nach, wie sich das anfühlt. Auch diesen Vorgang wiederholen Sie dreimal.

7. Anschließend recken und strecken Sie sich und atmen einige Male tief ein und aus. Nun können Sie frisch erholt an die nächste Aufgabe gehen.

Die Gegenwart lieben

Leben und Arbeiten sind nicht klar voneinander zu trennen, was man besonders bei kreativen Menschen gut beobachten kann. Ein Maler beschäftigt sich so lange mit seinem Bild, bis es fertig ist, bis tief in die Nacht hinein, auch am Wochenende oder an Feiertagen. Künstler, Schriftsteller, Wissenschaftler, Politiker – viele von ihnen berichten davon, dass Leben und Arbeiten für sie eine Einheit bilden. Doch auch in jedem anderen Beruf gibt es Menschen, die ihre Tätigkeit mit Hingabe erledigen.

Während wir unserem Job nachgehen, sollten wir versuchen, dabei unsere Begeisterungsfähigkeit zu fordern. Wer sich von Desinteresse, Halbherzigkeit und Routine leiten lässt, wird es schwer haben, mit guter Laune bei der Arbeit zu sein. Gute Stimmung hat sehr viel damit zu tun, präsent im gegenwärtigen Augenblick zu sein und sich aktiv auf seine Aufgaben einzulassen.

Mit Achtsamkeit lästige Pflichten ganz neu erfahren

Die Konzentration auf die Gegenwart hilft dabei, sich voll und ganz auf die Tätigkeit selbst zu fokussieren. Dieses Sich-Einlassen auf den gegenwärtigen Moment erleben wir beispielsweise, wenn der Zahnarzt sich ganz dem Patienten widmet. Seine Körperhaltung, sein Atem und seine Konzentration richten sich völlig auf seinen Patienten und dessen Zahn aus. Er ist präsent im gegenwärtigen Moment, gedanklich nicht schon beim Abendessen oder im Theater. Dem Patienten wiederum gibt das ein gutes Gefühl. Hier steht er mit seinem Leiden an erster Stelle. Wenn Sie sich so verhalten, geben Sie dem, was Sie gerade tun, die Prioritätsstufe 1. Versuchen Sie, Ihr Pflichtprogramm auf diese Weise neu zu entdecken. Sie sehen das Schreiben von Rechnungen beispielsweise als eine lästige Pflicht an und verschieben es daher immer wieder? Dann versuchen Sie, es diesmal mit Achtsamkeit anzugehen.

Durch das Üben bewusster Achtsamkeit erfahren wir einen Geisteszustand, mit dem wir üblicherweise kaum in Verbindung stehen, ein Zustand, der den Vorgängen im Hier und Jetzt volle Aufmerksamkeit schenkt. Dabei geht es darum, zu beobachten, was gerade passiert, bewusst auf die Gedanken zu achten, die gerade kommen und gehen, und nicht an ihnen festzuhalten, unabhängig davon, ob wir diese Gedanken als gut oder schlecht bewerten. Das hat großen Einfluss auf die Stimmung. Wir unterbrechen automatische Denk- und Gefühlsmuster und lassen uns darauf ein, nicht zu bewerten.

In der Anfangsphase des Achtsamkeitstrainings versucht man, gedanklich einfach nur in dem Moment zu verweilen und die eigenen Gedanken zu beobachten. Später kann man sich darin üben, beispielsweise während einer Unterhaltung im inneren Gleichgewicht zu bleiben, sich nicht über die Gesprächspartner aufzuregen, sondern einfach nur zu beobachten. Achtsamkeit lehrt uns, den Dingen, Gegebenheiten und Begegnungen auf andere Art und Weise zu begegnen, als wir es gewohnt sind. Es gibt einen inneren Abstand zum Geschehen. In der Konzentration auf den gegenwärtigen Augenblick liegen auch die Gefühle von innerem Frieden und Freude am Gegenwärtigen. Achtsamkeit und Meditation helfen uns dabei, diese zu ergründen. Wir können lernen, mit all den Gedanken, die sich in unserem Kopf abspielen, auf eine freundliche Art umzugehen.

Achtsam bei der Sache sein: Die Vorteile

Sich voll und ganz auf seine aktuelle Tätigkeit einzulassen, lohnt sich schon allein deshalb, weil ...

- ◆ Sie Ihre Konzentration trainieren und sich nicht so leicht ablenken lassen.
- ◆ Sie auf diese Weise leichter im inneren Gleichgewicht bleiben.
- ◆ Sie Ihre Energie nicht für den Widerstand brauchen, sondern für die Tätigkeit an sich einsetzen können.
- ◆ Sie dadurch entschleunigen.
- ◆ Sie sich nicht mehr so abhängig von der Bewertung anderer machen, denn die Belohnung für Ihr Tun liegt bereits in diesem Moment selbst.
- ◆ Sie das Glück des gegenwärtigen Moments nutzen und sich damit gut fühlen.
- ◆ Sie offener, aufmerksamer und wacher werden.

Die miese Laune beim Namen nennen

Diese Übung bietet Ihnen die Möglichkeit, Freundschaft mit Ihrer schlechten Laune zu schließen. Erforschen Sie achtsam, was Ihnen auf die Stimmung drückt. Mit einem achtsamen Zugang nehmen Sie erst einmal wahr, was ist, befreien sich vom Handlungsdruck und distanzieren sich von Gedanken und Gefühlen. Auf diese Weise werden Sie sich Ihrer momentanen Gefühlsregungen bewusst und es fällt Ihnen leichter, diese zu verarbeiten.

So funktioniert's

1. Schalten Sie für einen Moment alle Gedanken ab, indem Sie sich achtsam auf die Gegenwart einlassen und wahrnehmen, was Sie jetzt gerade bemerken.
2. Nehmen Sie eine aufrechte und bequeme Sitzposition ein, setzen Sie die Füße mit der ganzen Fußsohle auf den Boden und lassen Sie die Hände auf den Oberschenkeln ruhen.
3. Lassen Sie Ruhe in sich einkehren und werden Sie sich einen Moment lang Ihres Körpers bewusst. Achten Sie auf das, was um Sie herum geschieht, beispielsweise auf die entfernten Schritte auf dem Flur, das Summen der Computerbelüftung oder das Klingeln der Telefone.
4. Lassen Sie sich in sich selbst hineinsinken, bis Sie den Zugang zu Ihrer Innenwelt erreichen, und nehmen Sie wahr, welche Gefühle momentan da sind. Fragen Sie sich dazu: »Welche Gefühle sind gerade in mir präsent?«

5. Heißen Sie Ihre Gefühle willkommen, auch wenn Sie diese als negativ oder unangenehm empfinden. Begrüßen Sie Ihre Gefühle ganz freundlich, indem Sie jedes einzelne benennen.
6. Anschließend konzentrieren Sie sich auf eines der belastenden Gefühle. Nehmen Sie es so wahr, wie es sich zeigt, auch wenn es für einen kurzen Augenblick unangenehm ist.
7. Dann verabschieden Sie sich von diesem negativen Gefühl, indem Sie ihm einen Namen geben wie »Ärger«.
8. Wenn Sie mögen, können Sie sich auch vorstellen, wie dieses Gefühl zusammen mit den anderen belastenden Gefühlen mit den Wolken am Himmel fortzieht.
9. Am Ende spüren Sie noch einmal in sich hinein, wie Sie sich jetzt gerade fühlen.

7.
Dem Körper geben, was er braucht

Dieses Kapitel beschäftigt sich damit, wie wir unsere gute Laune dadurch unterstützen, dass der Körper das bekommt, was er braucht. Dazu gehören ausreichend Bewegung, eine gute Ernährung, erholsamer Schlaf sowie einige weitere Dinge, an die wir im Alltag nur selten denken.

Endlich Urlaub

»Lach doch mal«, sagt Hanka zu Olaf, »Du kannst doch nicht die ganze Zeit wie drei Tage Regenwetter durch die Gegend laufen.« Aber Olaf ist nicht nach Lachen zumute, auch wenn draußen ein Traumstrand auf ihn wartet und die Sonne ununterbrochen scheint. Den ersten Urlaub nach fünf Jahren kann er einfach nicht genießen. Für ihn ist es eher ein Zwangsurlaub. Hanka hat ihm die Pistole auf die Brust gesetzt und ihm keine andere Wahl gelassen. Doch wie soll er den Urlaub genießen, wenn zu Hause so viel liegen geblieben ist?

Er wirft erst einen Blick auf Hanka, die sich gerade vor dem Spiegel die Haare kämmt, dann schiebt er den Vorhang des Fensters gerade so weit zur Seite, dass er durch den Spalt auf die gegenüberliegende Straßenseite spähen kann. Dort wird ein Hochhaus gebaut. Das Gerüst steht um drei Etagen herum und die Arbeiter setzen Stein auf Stein. Eigentlich kein großes Ding, aber Olaf weiß, dass man wissen muss, wie es geht. Und die da drüben wissen es offenbar nicht. Als Chef einer Baufirma kann er das beurteilen. Täglich beobachtet er seine Leute bei der Arbeit. Ohne Aufsicht machen die schon mal einen Fehler. Und dann? Was wenn der Bau nicht hält, in sich zusammenfällt und Menschen gefährdet? Als Unternehmer muss er schließlich Garantien geben und ist dazu noch haftungspflichtig. Seine Kunden bauen darauf, dass er Qualitätsarbeit liefert. Hier im Süden ist das vielleicht anders, aber bei ihm zu Hause in Deutschland, da weiß man, was Qualitätsarbeit ist. Betonbauer, Maurer, Bauschreiner … sie alle *müssen Hand in Hand arbeiten. Wenn der eine Mist baut, dann hat der andere ein Problem.*

Er sieht zu, wie einer der Arbeiter die nächste Reihe Steine setzt und ein anderer den Zement anmischt. »Komm, gehen wir essen«, ruft Hanka, die sich für das Abendessen extra in Schale geworfen hat. »Lass uns wenigstens draußen essen«, schlägt Olaf vor.

Er setzt sich so, dass er von seinem Platz aus sowohl das Meer am Horizont als auch den Neubau auf der gegenüberliegenden Seite im Blick hat. Zement ist nicht nur irgendein Material, es ist ein komplexes Stoffgemisch, das durch die Hydratation feine Kristalle ausbildet, die sich ineinander verhaken. Erst durch die richtige Mischung von Zement, Sand und Wasser wird Mörtel daraus. Und so, wie die Kollegen da drüben das Ganze angehen, wird das nichts. Sie mischen zu viel Wasser dazu, und die richtige Temperatur hat es wahrscheinlich auch nicht. Es wird Risse geben, das ist Olaf völlig klar. »Bestell doch bitte schon einmal für mich mit«, sagt Olaf, »ich bin ganz kurz mal weg.«

Nach einer halben Stunde beschließt Hanka, ihren Mann zu suchen. Weder ist er auf dem Zimmer noch an der Bar oder am Pool. Ratlos und leicht beunruhigt zieht sie sich auf das Zimmer zurück. Beim Blick aus dem Fenster sieht sie auf der gegenüberliegenden Seite ihren Mann. Er unterhält sich mit Händen und Füßen mit den Bauarbeitern, lacht, wie sie ihn den ganzen Urlaub nicht hat lachen sehen – und mischt dabei Zement an.

Sorgen Sie gut für Ihren Körper?

Wann haben Sie sich zuletzt sportlich bewegt?

Leiden Sie unter Verspannungen?

Wechseln Sie auf der Arbeit ausreichend häufig Ihre Position?

Nutzen Sie Bewegungsmöglichkeiten?

Schmerzt gerade ein Körperteil?

Sind Sie müde und erschöpft oder fit und voller Energie?

Zaubermittel Bewegung

Der Körper möchte nicht nur äußerlich gut aussehen, sondern auch innerlich gepflegt werden. Innere Ausgeglichenheit, körperliche Aktivität und eine gute Ernährung unterstützen eine gute Stimmung. Allerdings muss man dazu auch bereit sein. Vielen Menschen, die auf Hochtouren laufen, dürfte es ähnlich gehen wie Olaf in der Geschichte »Endlich Urlaub«: Man schafft es einfach nicht so recht, abends, am Wochenende oder im Urlaub auf Ruhe und Erholung umzuschalten. Diese Geschichte »Endlich Urlaub« hat übrigens einen wahren Kern: Bei einem Urlaub auf einer wunderschönen Insel erzählte mir eine Frau aus dem gleichen Hotel, dass ihr Mann es weder am Strand aushielt noch auf den Ausflügen in die Umgebung. Als Bauunternehmer beobachtete er von seinem Fenster aus die

Bauaktivitäten im gegenüberliegenden Hotel und ging zwischendurch stundenlang hinüber, um Ratschläge und Tipps zu geben. Und nach drei Tagen legte er auf der Baustelle selbst Hand an. Den Urlaub hatte die Frau eigentlich gebucht, damit ihr Mann sich erholt und damit sie beide gemeinsam wandern und schwimmen und so etwas für ihre Gesundheit tun. Entsprechend unglücklich war sie nun darüber, wie er diesen Urlaub verbrachte.

Wohin Bewegungsmangel führt

In den letzten Jahren sind die körperlichen Belastungen immer geringer geworden. Immer mehr Menschen verbringen den Arbeitstag in recht einseitiger Haltung. Der Körper leidet unter Verspannungen, Bewegungsmangel und mangelhaften Ernährungsgewohnheiten. Wer täglich stundenlang vor dem Computer sitzt, Akten abarbeitet oder den Körper auf andere Art einseitig belastet, bei dem werden Gelenke und Muskulatur nicht gefordert, sodass sich in der Folge die Durchblutung und der Stoffwechsel verlangsamen. Man fühlt sich müde, weil der ganze Organismus schläft. Häufig kommen durch die einseitige Belastung noch Verspannungen der Muskulatur hinzu.

Verkäufer, Chirurgen oder Friseure müssen einen Großteil ihrer Arbeit im Stehen verrichten, während andere ihre Tätigkeiten hauptsächlich im Büro am Schreibtisch in sitzender Haltung ausführen. Dabei führen die einseitigen körperlichen Belastungen häufig zu weiteren Problemen, von Muskel- und Gelenkschmerzen über Kreislaufschwierigkeiten bis hin zu Krampfadern.

Leider führt uns das sehr schnell in eine Art Teufelskreis. Man fühlt sich schlapp, erledigt und in schlechter Stimmung, sodass man lieber auf dem Sofa liegen bleibt, anstatt raus ins Grüne zu gehen und eine Runde zu laufen. Bleibt man liegen, wird man jedoch noch müder, noch verspannter und noch schlechter gestimmt. Es gilt also, den inneren Schweinehund auszutricksen und sich zu etwas mehr Bewegung zu motivieren. Diese unterstützt uns dabei, die angespannte Muskulatur zu lockern. Außerdem fördert Bewegung die Konzentrations- und Leistungsfähigkeit und hebt die Stimmung.

Bewegung wirkt Wunder

Bewegung hilft dabei, Ermüdungserscheinungen, schlechter Laune und Verspannungen vorzubeugen. Sie können während der Mittagspause um den Häuserblock laufen, eine Runde um den Teich im Stadtpark drehen oder durch die Einkaufsmeile bummeln. Hauptsache, Bewegung. Im Grünen atmen Sie auch noch sauerstoffreiche Luft ein und tun sich damit zusätzlich etwas Gutes.

Gerade in der Mittagspause ist es jedoch auch wichtig, dass Sie die richtige Dosis Bewegung bekommen. Denn wenn Sie sich während dieser Zeit verausgaben, sind Sie anschließend bei der

Arbeit nicht mehr belastbar. Sie sollten sich mittags also nicht zu viel vornehmen und gleich für den Marathon trainieren. Besser ist es, darauf zu achten, dass alle Muskelpartien beansprucht werden. Dehnen und strecken Sie sich auch zwischendurch mal ausgiebig.

Um negative Auswirkungen einseitiger körperlicher Belastung zu vermeiden, sind auch gezielte Sportangebote eine hilfreiche Ergänzung, egal ob Fitnessstudio, Gymnastik, Pilates oder Schwimmen. Bewegung schützt den Körper, kräftigt die Muskulatur und steigert die Leistungsfähigkeit und Ausdauer. Sie beeinflusst das Herz-Kreislauf-System sowie den Halteapparat und schützt vor Infekten.

Doch nicht jeder Berufstätige hat Zeit, einen Sportkurs zu besuchen oder auch nur häufig spazieren zu gehen. Warten Sie daher nicht auf den wöchentlichen Yogatermin, sondern beginnen Sie direkt an Ihrem Arbeitsplatz damit, Bewegung in Ihren Alltag zu bringen. Kleine Bewegungsübungen sind zwischen einzelnen Arbeitssequenzen oder während der Pause immer wieder möglich. Sie können beispielsweise öfter die Treppen nehmen, anstatt mit dem Aufzug zu Ihrem Kollegen zu fahren. Achten Sie darauf, dass Sie nicht nur geradeaus auf den Bildschirm schauen, sondern den Kopf auch mal drehen, damit er nicht einrostet. Auch Ihr Gewicht sollten Sie hin und wieder von einem Bein auf das andere verlagern, denn dadurch werden unterschiedliche Muskeln, Bänder und Gelenke beansprucht. Durch Bewegung zirkuliert das Blut und staut sich nicht in den Beinen.

Informieren Sie sich auch, ob und wie Ihr Arbeitgeber Sie beim Thema Bewegung unterstützen kann. Immer häufiger bieten Unternehmen Sportkurse für ihre Mitarbeiter an, bewilligen höhenverstellbare Schreibtische und Stehhilfen oder bezuschussen ergonomische Anschaffungen.

Kurzbewegungsprogramm

Diese Übung dient dazu, den vorderen Schulterbereich sowie die Muskeln zu dehnen, die an der Atmung beteiligt sind. Außerdem wird die Wirbelsäule dabei gestreckt.

So funktioniert's

1. Setzen Sie sich auf einem Stuhl gerade hin, der Rücken liegt an der Rückenlehne an.
2. Umfassen Sie Ihre Hände, als würden Sie sich selbst die Hand reichen, und strecken Sie die Arme nach vorne aus.
3. Dann atmen Sie tief ein und heben dabei die Arme senkrecht in die Höhe.
4. Strecken Sie sich weit nach hinten und verharren Sie in dieser Position zwei bis drei tiefe Atemzüge lang.
5. Lassen Sie die Arme anschließend beim Ausatmen langsam wieder sinken, entspannen Sie einen Moment und wiederholen Sie die Übung noch zweimal.

Wohltuende Massage

Bei Verspannungen und Rückenschmerzen schwören viele Menschen auf Massage. Auf lange Sicht gesehen muss natürlich die Muskulatur trainiert, die Lebensführung überdacht oder die Körperhaltung verbessert werden. Doch kann eine Massage eine erste Hilfsmaßnahme sein. Bei der klassischen Massage wird die Muskulatur gelockert, Verhärtungen werden gelöst und die Beweglichkeit verbessert. In den letzten Jahren sind aber auch Wellnessmassagen immer beliebter geworden, bei denen der Wohlfühlfaktor im Vordergrund steht. Wellnessmassagen sind eher vorbeugend wirksam, zum Erhalt der Gesundheit und zur Steigerung der Lebensqualität.

Ob klassische Massage, Thai-Massage, Shiatsu-Massage, Breuss-Massage oder Ayurveda-Massage, sie alle steigern die Durchblutung, unterstützen den Fluss der Lymphflüssigkeit und entspannen die Muskulatur. Manche Anwendungen werden zudem mit Packungen, Wärme, Düften und Klängen kombiniert, was den Erholungseffekt noch verstärkt.

Bewegte Stimmungsmacher

Lassen Sie sich durch die folgenden Anregungen inspirieren, Ihre persönlichen Gute-Laune-Macher zu finden:
- Führen Sie zwischen Arbeitssequenzen oder während der Pause Bewegungsübungen durch.

- Anstatt auf den Aufzug zu warten, nehmen Sie die Treppen zu Ihrem Kollegen in der oberen Etage.
- Fahren Sie mal wieder mit dem Fahrrad statt mit dem Auto zur Arbeit.
- Steigen Sie eine Haltestelle früher aus und gehen Sie den restlichen Weg zu Fuß.
- Machen Sie in der Mittagspause einen Spaziergang durch den nächstgelegenen Park.
- Führen Sie Telefonate im Stehen durch, damit Sie öfter die Körperhaltung wechseln.
- Richten Sie sich so ein, dass Sie hin und wieder aufstehen und einige Schritte laufen müssen.

Gute Ernährung am Arbeitsplatz

Dass Schokolade trösten kann und Nudeln glücklich machen sollen, haben wir alle schon einmal gehört. In den letzten Jahren häufen sich die Belege dafür, dass die Ernährung unsere Psyche beeinflusst. Dieser Ansatz besteht in der alternativen Medizin bereits seit Jahrtausenden. Doch mittlerweile gelangt auch die Schulmedizin durch ihre Forschungen immer mehr zu der Erkenntnis, dass schlechte Laune, Ängste und Depressionen mit der Ernährung eines Menschen zu tun haben könnten. Insbesondere in den westlichen Industrienationen nimmt die Tendenz zu Übergewicht und psychischen Erkrankungen zu.

Unser ohnehin gestresster Körper muss auch noch die Umweltbelastungen verarbeiten, die er über die Nahrung aufnimmt: Zucker, Konservierungsstoffe, Aromastoffe, Pestizide, Alkohol, Tabletten, Elektrosmog sowie belastetes Trinkwasser. All diese Belastungen lassen den Körper »sauer« werden. In der Folge können Nervosität, Müdigkeit, ein schwaches Immunsystem, Verdauungsprobleme, Haarausfall, Hautprobleme oder Konzentrationsschwierigkeiten auftreten. Wir sollten daher auf eine Ernährung achten, die eine gute Stimmung unterstützt.

Vollwertig und gesund

Den meisten von uns ist bewusst, dass es eine Verbindung zwischen unserer Ernährung und der Gesundheit gibt. Die neuesten Untersuchungen deuten darauf hin, dass die Ernährung einen größeren Einfluss auf unsere Stimmung hat, als die Schulmedizin bisher für möglich hielt. Unsere Kost beeinflusst unser Energielevel, unseren Schlaf, eventuell sogar unsere Gedanken. Bereits das Frühstück hat Auswirkungen auf unser Wohlbefinden im Tagesverlauf. Offenbar wirken sich bestimmte Nahrungsmittel auf unsere Stimmung aus, und das sowohl in eine positive als auch in eine negative Richtung.

Gerade wenn man vielen Belastungen ausgesetzt ist und privater oder beruflicher Stress die Tagesordnung bestimmt, verstärkt sich häufig die Tendenz, ungesund zu essen. Man vergisst, so einzukaufen, dass man auch am Arbeitsplatz gut versorgt ist, und greift auf das zurück, was schnell verfügbar ist: Süßigkeiten und süße Getränke. Andere vergessen unter Stress ganz zu essen, sodass sie später zu Fast Food oder der Chipstüte greifen. Dabei sollten wir eigentlich bei der Wahl der Lebensmittel achtsam sein. Einerseits enthalten sie Stoffe, die vermutlich auf das Gehirn wirken, andererseits scheint auch der Magen-Darm-Trakt einen Einfluss auf unsere Stimmung zu haben, da sein komplexes Nervengeflecht Signale an die Gefühlszentren des Gehirns schickt. Auch das Immunsystem, das auf die Nahrung ziemlich direkt reagiert, kann auf die Stimmung drücken. Darüber hinaus spielen auch Bakterien eine Rolle, die im Darm bei der Verwertung der Nahrung helfen. Verschiedene Studien kommen alle zu ähnlichen Erkenntnissen: Wer vollwertig isst, frisches Gemüse, Früchte und Fisch zu sich nimmt, hat ein geringeres Risiko, an einer Depression zu erkranken. Dagegen haben Menschen, die vorrangig verarbeitete Lebensmittel, Weißmehlprodukte, Süßes und Frittiertes konsumieren, ein höheres Risiko für eine Depression.

Diese Erkenntnisse gilt es zu berücksichtigen, sowohl im Hinblick auf die generelle Ernährung als auch bei der Ernährung während der Arbeit. Alles deutet darauf hin, dass Zwischenmahlzeiten mit Vollkornprodukten, Obst und Gemüse für eine gute Konzentration, eine stabile Stimmungslage und einen konstanten Blutzuckerspiegel sorgen.

Gute Ernährung am Arbeitsplatz

Wie ernähren Sie sich am Arbeitsplatz?

Wie lange liegt Ihre letzte Mahlzeit zurück?

Ist Ihr Bedürfnis nach Essen und Trinken befriedigt?

Nehmen Sie sich frisches Obst und Gemüse mit zur Arbeit?

Gäbe es für Sie bessere Möglichkeiten, sich während des Arbeitstags zu ernähren?

Besser schlafen, erholt aufwachen

Während die Belastungen durch körperliche Arbeit in den letzten Jahrzehnten abgenommen haben, sind die psychischen Belastungen gestiegen. Anspannung, Stress und Probleme rauben uns den Schlaf. Rund ein Drittel der Beschäftigten kann laut Umfragen nach der Arbeit nicht richtig abschalten und über 25 Prozent der Bevölkerung leiden unter Ein- und Durchschlafstörungen. Dabei ist erholsamer Schlaf wichtig, um leistungsfähig zu bleiben. Wer schlecht schläft, fühlt sich am nächsten Tag »gerädert«. Auf Dauer kann das die Gesundheit beeinträchtigen. Manchmal sind die Gründe der Schlafstörungen nicht klar und sollten ärztlich abgeklärt und eventuell sogar in einem Schlaflabor untersucht werden. In jedem Fall gilt jedoch: Wenn die Unruhe bis in den Schlaf reicht, sollte man tagsüber gegensteuern.

Was uns den Schlaf raubt

Gedanken, die wir nicht haben wollen, haben die Tendenz, sich in den Vordergrund zu drängen. Unsere Gedanken kreisen daher häufig gerade dann um problematische Themen, wenn wir eigentlich entspannt einschlafen könnten. Dabei ist ein gesunder Schlaf wichtig, um am nächsten Arbeitstag alle Aufgaben frisch und ausgeruht erledigen zu können.

Nicht selten helfen Betroffene mit Alkohol nach, um endlich die richtige Bettschwere zu erlangen. Häufig funktioniert das Einschlafen dann, doch führt Alkohol bei vielen auch dazu, dass sie die zweite Nachthälfte wach liegen und nicht mehr einschlafen können. Es ist also wichtig, stattdessen gesunde, wirksame Mittel zu finden, um gut ein- und durchzuschlafen. Die folgenden Tipps können Ihnen dabei helfen.

Wie erholsamer Schlaf gelingt

* Schließen Sie vor dem Zubettgehen alle wichtigen Gedanken ab.
* Sollten Sie etwas vergessen haben, notieren Sie es sich für den nächsten Tag.
* Meiden Sie vor dem Zubettgehen schwere und fettreiche Speisen.
* Meiden Sie vor dem Zubettgehen anregende Getränke wie Kaffee, schwarzen Tee oder Cola.
* Verzichten Sie auf Alkohol.
* Sehen Sie nicht ständig auf die Uhr bzw. den Wecker.

Klingelt der Wecker in der Frühe, quälen sich viele Menschen aus dem Bett. Körper und Geist sind noch nicht zum Aufstehen bereit. Schnell unter die Dusche zum Wachwerden, Frühstück für die Kinder machen, einen schnellen Kaffee mit dem Partner zum Abschied, vielleicht noch schnell die Kinder an der Schule absetzen – alles soll schnell gehen, damit man pünktlich zur Arbeit kommt. Jede morgendliche Aktivität kann sich anstrengend anfühlen, wenn man eigentlich lieber im Bett liegen bleiben möchte. Gerade nach dem Wochenende, einem Feiertag oder dem Urlaub trifft einen der morgendliche Wecker meist völlig unvermittelt.

Nicht selten richten wir unsere Abläufe so ein, dass sie unseren Bedürfnissen entgegenstehen. Beispielsweise könnte der Morgen so gemütlich sein, wäre man abends nicht zu spät ins Bett gegangen und müsste nicht morgens erst einmal das Frühstück für die Kinder zubereiten und sogar noch die Hausaufgaben kontrollieren. Einige entspannende Morgenrituale können dazu beitragen, mit guter Laune in den Tag zu starten. Häufig hilft es, den Morgen etwas anders zu organisieren, den Frühstückstisch bereits am Abend zuvor zu decken, auch den anderen Familienmitgliedern einige Aufgaben zu überlassen und wichtige Dinge nicht ausgerechnet unter Zeitdruck beim Frühstück zu besprechen.

- Verteilen Sie schon abends die morgendlichen Aufgaben gerecht auf alle Familienmitglieder.
- Gehen Sie abends früh genug ins Bett, um ausgeschlafen aufstehen zu können.
- Stellen Sie den Wecker früh genug, damit keine morgendliche Hektik entsteht.
- Überlegen Sie beim Aufstehen, worauf Sie sich an diesem Tag freuen können.
- Lassen Sie morgens anregende Musik laufen.

Das Ein- und Durchschlafen trainieren

Wenn Sie generell schlecht schlafen, sollten Sie zuerst einmal dafür sorgen, dass Sie nachts wirklich in einer angenehmen Schlafatmosphäre zur Ruhe kommen können. Dazu sollten Sie einige ritualisierte Vorgänge einführen und in der nächsten Zeit beibehalten. Verdunkeln Sie die Fenster, sorgen Sie für ein angenehmes Raumklima von etwa 18° C und sperren Sie den Tageslärm aus. Stellen Sie einen Wecker, lassen Sie aber das Handy im Flur oder im Wohnzimmer liegen. Denn wenn Sie das Ein- und Durchschlafen trainieren wollen, sollten Sie vorerst gar keine technischen Geräte wie Computer, Tablet oder Smartphone mit ins Bett nehmen und das Bett auch wirklich nur zum Schlafen nutzen, nicht zum Telefonieren oder Fernsehen. Wenn Sie nicht schlafen können, gehen Sie einfach eine Weile ins Wohnzimmer und beschäftigen Sie sich mit Lesen, einer seichten Unterhaltungsshow oder einer Zeitschrift. Wenn Sie dann wieder Müdigkeit spüren, legen Sie sich ins Bett, um zu schlafen. Auf diese Weise erhält Ihr Körper ein eindeutiges Signal, dass das Bett zum Schlafen da ist.

Hilfreich ist außerdem ein fester Schlaf-Wach-Rhythmus. Das bedeutet, dass man immer zur gleichen Zeit ins Bett geht und auch immer zur gleichen Zeit aufsteht, damit sich der Organismus an einen festen Ablauf gewöhnt.

 ## Schlafen und Aufwachen

Gehen Sie abends früh genug ins Bett?
Verbringen Sie die Zeit vor der Arbeit allein oder mit der Familie?
Gibt es am Abend und am Morgen Aufgaben, die Sie gerne abgeben möchten?
Gibt es Dinge, mit denen Sie sich nachts gedanklich beschäftigen?

Die schönsten Momente des Tages Revue passieren lassen

Diese Übung hilft Ihnen, sich vor dem Einschlafen in eine positive Stimmung zu versetzen.

So funktioniert's

Lassen Sie jeden Abend vor dem Zubettgehen die Lichtblicke des Tages Revue passieren:

- Was war schön am heutigen Tag?
- Welcher Moment hat gutgetan?
- Welcher kleine Erfolg wurde heute deutlich?
- Worauf können Sie heute stolz sein?
- Wie haben Sie heute zu Ihrem Wohlbefinden beigetragen?

8.
Höher, schneller, weiter – Leistungsdenken auf dem Prüfstand

Die Gesellschaft verlangt nach immer mehr Leistung, ständiger Erreichbarkeit und Dauererfolgen. Aber es zählt nicht nur das Geld, sondern auch die Anerkennung durch Kollegen und Vorgesetzte, der faire Umgang mit anderen Menschen und ob man zufrieden ist mit dem, was man tut. Wenn Sie schlechte Laune bekommen, weil Sie den Eindruck haben, Ihr Leben beschränke sich vorrangig auf Pflichten und Ihre Arbeit sei vertane Lebenszeit, dann ist es höchste Zeit, sich wieder einmal auf kreative Weise mit Ihrer beruflichen Situation zu beschäftigen. Für den einen ist bereits ein Aufgabenwechsel innerhalb der Firma eine Alternative, ein anderer braucht einen Firmenwechsel und manch einer entscheidet sich gleich für den Ausstieg.

Ausbruch von zu Hause

Über sich der Himmel, der Mond und die Sterne. So sollte es immer sein. Hier auf dem Balkon kann er es gerade so ertragen. Er liegt einfach nur auf der Balkonliege, sieht nach oben und träumt vom Klang der Gongs in den Klöstern Nepals, den bunten Gebetsfahnen und dem Geruch von Dhal.

Nach dem Gefühl grenzenloser Freiheit auf der letzten Trekkingtour in der unendlichen Weite des Himalaya ist es ihm nicht möglich, sich wieder an zu Hause zu gewöhnen. Den langen Aufenthalt in den engen Räumen erträgt er ebenso wenig wie die immer gleichen Arbeitsroutinen in der Kanzlei und den Alltag mit Frau und Kindern. All dies erscheint ihm so unbedeutend. Die Menschen, denen er auf seiner Reise begegnet ist, sie hatten so viel weniger als er selbst. Kein Geld, kein Auto, kein Studium. Sie gingen nicht in gute Restaurants, Sie trugen keine teuren Markenanzüge und sie hatten auch sonst keinerlei Komfort. Und doch waren sie so freundlich, luden ihn und seinen Reiseführer immer wieder ein, ihr karges Mahl mit ihnen zu teilen. Etwas Reis und Linsen, Wasser aus dem Fluss und etwas selbstgebrannten Reisschnaps. Diese Drei-Wochen-Tour, sie war für ihn das eigentliche Leben. So als hätte er bisher an sich selbst vorbeigelebt. Und mit Mitte 40 kommt ihm nun immer wieder die Frage in den Sinn: Wo bleibe ich in meinem Leben eigentlich?

Auf dem Rückflug hatte er sich noch auf zu Hause gefreut, doch schon kurz nach seiner Ankunft gingen die Probleme wieder los. Die Proble-

me mit dem Haus, die Schulprobleme der Kinder, die Schwierigkeiten in der Firma, fast so, als wäre er nie weg gewesen. Die Rückrufliste auf seinem Schreibtisch ist lang. Dabei gibt es kaum etwas Unwichtigeres als die Arbeit. Die Menschen in Nepal arbeiten gerade mal so viel, wie zum Leben notwendig ist. Er selbst hat eine 60-Stunden-Woche. Weder hat er Lust auf die Arbeit noch darauf, mit seiner Frau vor dem Einschlafen die Schulprobleme der Kinder zu wälzen. Probleme, die eigentlich hausgemacht sind.

In der ersten Nacht war ihm die Enge im Schlafzimmer derart präsent, dass er Luftnot bekam. Die Decke so nah über ihm, die verbrauchte Luft, die sich staute, und die Atemgeräusche seiner Frau. Der nächste Urlaub, in dem er sich drei Wochen am Stück freinehmen könnte, ist noch mindestens ein ganzes Jahr entfernt. So liegt er nun wieder jede Nacht wach und starrt an die Decke. Guter Schlaf ist ihm schon seit Langem nicht mehr möglich. Er kann die Fälle einfach nicht abhaken, nimmt die Akten gedanklich mit nach Hause. Weder bringt das seinen Klienten ein besseres Ergebnis ein noch verdient er dadurch mehr. Wenn er endlich einschläft, ist es häufig schon früh am Morgen. Die Schlafschwierigkeiten lassen sich nur mit zwei Schlaftabletten eindämmen – doch in Nepal waren sie plötzlich ganz verschwunden.

Die letzten drei Wochen hatte er versucht, wieder in seinen üblichen Arbeitsrhythmus hineinzufinden. Er ließ sich von seinem Partner den Stand der verschiedenen Verfahren erklären, wälzte die entsprechenden Akten und fragte sich immer wieder, was er da eigentlich tat. Zwischendurch plante er gedanklich die nächste Sommertour, verglich die Urlaubspläne und studierte die Wetterberichte.

Nun hat er endlich Feierabend, seine Frau holt gerade die Kinder vom Sport ab und er genießt den kurzen Moment der Stille. Er muss wieder daran denken, was sein Guide ihm erzählt hat über die unberührte Natur zwischen Upper Dolpo und Jomsom, einer der abgeschiedensten und unberührtesten Regionen des Himalaya. Die Ursprünglichkeit der friedlichen tibetischen Kultur, leuchtend türkisfarbene Seen und Pässe oberhalb von 5000 Metern. Eine Tour, für die man all seine Kräfte beisammenhaben muss, bei der es um mehr als zwei Wochen geht, vielleicht auch mehr als drei Wochen.

Inmitten dieser Überlegungen klingelt das Handy. Seine Frau erzählt etwas von Elternsprechtag und gemeinsam essen gehen am Wochenende. Als das Gespräch beendet ist, denkt er einen Augenblick lang nach, dann sucht er in seinem Handy nach einer Nummer und drückt auf Anruf.

 Leistungsdenken

Wie wirkt sich Leistungsdruck auf Sie aus?

Vergleichen Sie sich häufig mit anderen?

Nehmen Sie sich genug Zeit, Ihre Erfolge zu genießen?

Wie gehen Sie mit Enttäuschungen um?

Wie können Sie aus einer Niederlage etwas Gutes entstehen lassen?

Zufriedenheit wahrnehmen und genießen

Lassen wir unseren Blick einmal über die gesamte Weltkarte schweifen, könnten wir eigentlich ganz zufrieden sein. Rund um den Globus leiden die Menschen unter Kriegen, Hungersnöten, Naturkatastrophen, Menschenrechtsverletzungen und hoher Arbeitslosigkeit. Den Menschen in der westlichen Welt geht es verhältnismäßig gut. Die meisten von uns haben eine Familie, eine schicke Wohnung, ein Einkommen und sind mehr oder weniger gesund. Doch ist der Mensch selten mit dem zufrieden, was er hat, meistens strebt er nach mehr.

Wir leben in einer Zeit, in der der technische Fortschritt uns sehr vieles sehr schnell bieten kann. Wir haben eine längere Lebenserwartung als die Generationen vor uns und wesentlich mehr Freizeit. Alles ist nahezu unmittelbar und in großer Vielfalt verfügbar. Durch die Informationen, die wir aus der ganzen Welt bekommen, werden Bedürfnisse geweckt, die nur mit Geld zu erfüllen sind. Wir brauchen also Geld, um gut leben zu können. Die meisten wollen sich ein schickes Auto leisten, einen großen Fernseher, eleganten Schmuck und irgendwann vielleicht sogar das Traumhaus. In unserer Gesellschaft ist das Geld zum Lebensmittelpunkt geworden. Jeder strebt danach, mehr Geld zu besitzen. Schon Kinder unterliegen dem Konsumzwang. Ohne Markenkleidung geht es nicht, Notebook und Smartphone haben schon in die Kinderzimmer Einzug gehalten.

So bekommen schon die Kleinsten den Eindruck, das Leben bestünde aus Arbeit und Konsum. Wir tauschen fünf Tage Geldverdienen gegen zwei Tage Freizeit und warten das ganze Jahr auf den Strandurlaub, um uns zu erholen. Und trotzdem geht die Zufriedenheitsrechnung nicht auf. Viele Menschen sind gerade deshalb so unglücklich, weil sie Luxusgütern hinterherjagen und ihre Bedürfnisse dabei gar nicht beachten. Vielen kommt die Erkenntnis, dass da etwas im Ungleichgewicht ist, in der Mitte ihres Lebens, so wie in der Geschichte »Ausbruch von zu Hause«.

Stress als Statussymbol

Um viel Geld zur Verfügung zu haben, müssen die meisten viel arbeiten. Dafür verzichten sie auf Privatleben, auf Hobbys oder auf Zeit mit Partner und Kindern. Häufig denken sie, dass das so sein muss, weil es angeblich nicht anders geht. Umfragen aus den USA haben ergeben, dass Arbeitnehmer, die etwa 30.000 US-Dollar im Jahr verdienen, glauben, dass sie mit 50.000 US-Dollar glücklich und zufrieden wären. Doch Menschen mit einem Einkommen von 100.000 US-Dollar meinen, dass sie rund 250.000 US-Dollar bräuchten, um glücklich leben zu können. Offenbar wollen wir also immer mehr, als wir haben, und denken, unser Glück hinge vom Geld ab. Dabei ist Geld gar nicht so wichtig.

Zufriedenheit ist nicht nur ans Einkommen gekoppelt, an die Art der Tätigkeit oder an die Anerkennung von außen, sondern sie ist auch stark von inneren Einstellungen abhängig. Menschen, die in unserer Gesellschaft ruhig und gelassen ihre Aufgaben erledigen, werden von anderen einerseits bewundert, aber andererseits auch kritisch beäugt. Das kann doch eigentlich gar nicht sein! Stress und ständige Überlastung sind zumindest bei Karrieremenschen zum Statussymbol geworden wie ein Markenanzug oder ein schickes Auto. Wer »die Ruhe weg hat«, der hat wohl entweder zu wenig zu tun oder ist faul. Nur wer ständig überlastet ist, über Zeitnot klagt und sich selbst überfordert, bekommt von außen Anerkennung gespiegelt und fühlt sich dadurch wichtig. Vom Genuss der Langeweile wird so schnell niemand erzählen.

Das Geld ist aber auch eine Möglichkeit, sich hinter vermeintlich notwendigen Aufgaben zu verstecken. Es dient als Begründung, sich nicht intensiv auf die Kinder und ihre Bedürfnisse einzulassen oder den Partner auf Distanz zu halten. Ungesundes Leistungsdenken beginnt im Kopf. Wir haben es uns durch Erziehung und gesellschaftliche Erwartungen angeeignet. Doch nicht immer bestand diese Verbindung zwischen Arbeit und sozialem Status. In der vorindustriellen Zeit war es anders als heute: Da sich nur Adlige Zeit und Muße gönnen konnten, waren diese damals Symbole für Reichtum und Macht. Vielleicht sollten wir uns daher wieder daran erinnern, dass die vermeintliche Langeweile durchaus ein Privileg ist, über das wir uns freuen dürfen.

Die Luxusfalle

Der Wunsch nach Geld, materiellem Besitz und einem hohen Lebensstandard ist bei vielen Menschen stark ausgeprägt. Einerseits versüßen Luxusgüter uns das Leben, andererseits gehen sie mit hoher sozialer Anerkennung einher. Die Werbung suggeriert uns, dass wir für ein angenehmes Leben alles Mögliche haben müssen. Ein Sportwagen, ein Boot, ein Motorrad, eine Eigentumswohnung, eine teure Uhr, eine besondere Kamera – es gibt viele Möglichkeiten, in Luxus zu schwelgen. Damit zeigt man auch nach außen hin, was man sich leisten kann. Nicht wenige Menschen können sich diese Dinge aber eigentlich gar nicht leisten. Der Alltag mit Partner und Kindern ist teuer genug, der teure Urlaub strapaziert den Geldbeutel über. Wem materieller Besitz so wichtig ist, dass er für dessen Anschaffung bereit ist, über seine Verhältnisse zu leben, der befindet sich inmitten der Luxusfalle.

Wenn Luxus zu einer ungesunden finanziellen Belastung wird, schlägt das in jedem Fall auf die Stimmung. Einerseits ist es anstrengend und ermüdend, nach immer mehr zu streben, andererseits kommt man nie an das Ziel, weil es nie genug ist. Das Besitzdenken kann so zu einer Falle werden, die man gar nicht bemerkt. Besitztümer können uns das Leben versüßen, erleichtern oder verschönern. Sie können uns das Leben aber ebenso erschweren, indem sie zu einer finanziellen Belastung werden. Machen Sie sich daher bewusst: Es lohnt sich nur dann, sich eine Markenuhr zu leisten, wenn man deren Funktionen auch wirklich nutzt, statt sie nur zu tragen, um andere zu beeindrucken.

- Sie beschäftigen sich viel mit dem Aussehen und dem Besitz anderer, mit ihrer Kleidung, ihrem Haus oder Auto, ihrem letzten Urlaub oder ihren technischen Geräten.
- Sie ärgern sich darüber, dass Sie selbst sich nicht so viel leisten können.
- Wenn Sie andere besuchen, entdecken Sie Dinge, die Ihnen noch zu Ihrem Glück fehlen.
- Ihnen sind Statussymbole wichtig, etwa teurer Schmuck oder die Mode bestimmter Designer.

 Besitzdenken

Schaffen Sie sich teure Gegenstände an, weil sie Ihnen wirklich wichtig sind – oder um andere zu beeindrucken?

Stehlen Ihnen bestimmte Verpflichtungen die Zeit? (Was hilft Ihnen ein großer Garten, wenn der Pflegeaufwand so hoch ist, dass er Ihnen Rückenschmerzen beschert?)

Haben Dinge, die Sie sich angeschafft haben, tatsächlich den erhofften Nutzen erbracht oder nehmen sie nur Platz weg?

Sind Ihnen Menschen suspekt, die in den Tag hineinleben? Begegnen Sie Ihnen vielleicht sogar mit einer Portion Verachtung?

Sind Ihnen nicht bezahlte Tätigkeiten, wie Hausarbeit, Sport oder ehrenamtliches Engagement, nicht so viel wert?

Wenn schlechte Laune
therapiebedürftig wird

Menschen haben ein breit angelegtes Gefühlsspektrum, das es ihnen erlaubt, das Leben in allen Facetten wahrzunehmen. Ausgelassene Freude über ein schönes Ereignis gehören ebenso dazu wie hochkochende Wut bei ungerechter Behandlung oder die Traurigkeit über einen Verlust. Unsere Befindlichkeit ist Schwankungen unterworfen und offensichtlich haben äußere Einflüsse auch einen Einfluss auf das innere Erleben. Solange schlechte Laune kein Dauerzustand wird, darf sie schon mal eine Weile bleiben, mit triftigem Grund ausnahmsweise auch mal ein paar Tage. Aber wenn man sich über eine längere Zeitspanne niedergeschlagen und schlechtgelaunt fühlt, sollte man einen Fachmann zurate ziehen. Ein Psychotherapeut kann abgrenzen, ob man sich gerade in einem Zustand befindet, in dem man sich erst noch an eine Situation anpassen muss, oder ob es sich eventuell schon um eine ernstzunehmende Depression handelt. Das professional abklären zu lassen, ist wichtig, um im Falle einer Depression gezielte Hilfe in Anspruch nehmen zu können.

Depression

Eine Depression ist nicht nur eine vorübergehende Traurigkeit, sondern betrifft den ganzen Menschen in seinem Erleben und Verhalten. Während einer Depression fühlen sich viele

Betroffene »gefühllos« und »innerlich leer«, das Gefühlsspektrum ist eingeengt, sie spüren weder echte Freude noch echte Traurigkeit. Auf Außenstehende kann das auch wie schlechte Laune wirken. Bei den Betroffenen kreisen die Gedanken um negative Ereignisse, Selbstzweifel oder Minderwertigkeitsgefühle. Häufig glauben sie nicht daran, dass ihnen jemand helfen könnte, und sehen die Depression als eine Art Versagen an. Eine Depression kann mit Konzentrationsstörungen, innerer Unruhe und Gereiztheit einhergehen, mit einer pessimistischen Grundhaltung und dem Rückzug von der Welt.

Die Lebensart in den westlichen Industriegesellschaften erhöht das Risiko, an Depressionen zu erkranken. Arbeitnehmer sind einem hohen Druck ausgesetzt, werden durch ständige Jobwechsel entwurzelt oder gehen wegen der drohenden Arbeitslosigkeit über ihre Grenzen, bis hin zu einem Burnout. Aber auch die Tendenz der zunehmenden Isolierung des Einzelnen begünstigt eine depressive Entwicklung, wie der Zerfall der familiären Strukturen, die hohe Scheidungsrate, Kinder, die mit nur einem Elternteil aufwachsen, oder die Vereinsamung einzelner Menschen. Diese Entwicklungen lassen keine verlässliche Zukunftsgestaltung mehr zu und erschweren es vielen Menschen, an eine positive Entwicklung zu glauben. Eine psychotherapeutische Behandlung kann Unterstützung bieten, einen positiveren Blick auf das Leben zu gewinnen. Die Therapie der Depression zielt darauf ab, wieder Lebensfreude zu spüren und neuen Sinn zu finden.

Angst im Gepäck

Viele Arbeitnehmer leben in der Angst, bei ihrer Tätigkeit Fehler zu begehen. In der Folge tun viele lieber wenig oder nichts, um sich selbst abzusichern. Angst vor der Zukunft, Angst vor Jobverlust, Angst vor Krankheit, Angst vor Überforderung, Angst, den Stress nicht auszuhalten, Angst vor Altersarmut … die Liste der Ängste ist lang. Laut Umfragen haben beispielsweise um die 30 Prozent der Deutschen Angst vor Arbeitsplatzverlust.

Das Sicherheitsbedürfnis der Deutschen ist hoch, gerade in Zeiten zunehmenden Terrors und des drohenden Auseinanderfallens der EU. Frustration macht sich besonders bei Fusionen breit, wenn Stellen gestrichen werden oder die Unternehmen Einsparungen vornehmen. Dabei hat der Pionier des Qualitätsmanagements, der US-Amerikaner William Edwards Deming, dem Buch »Überleben im Job« zufolge schon vor Jahren festgestellt: »Wenn du Qualität willst, dann beseitige die Angst.«

Überlegen Sie einmal, was Sie für Ihren Arbeitgeber unentbehrlich macht: Warum kann er gar nicht auf Sie verzichten? Wenn Ihnen dazu nichts einfällt, können Sie darauf hinarbeiten, indem Sie sich für bestimmte Tätigkeiten anbieten, die Sie gerne übernehmen möchten oder die Sie für notwendig erachten. Vielleicht erkennen Sie irgendwo einen Bedarf, den andere noch nicht sehen und der einen Mehrwert für die Firma schafft. Fragen Sie sich, wie Sie sich fachlich verbessern und noch stärker an Ihre Firma binden können. Eventuell durch eine Weiterbildung, die Einbindung in ein neues Team, überregionale Tätigkeiten …

Allerdings sollten Sie nicht zu viel Energie darauf verwenden, Ihren Ängsten zu folgen, sondern diese auch hinterfragen: Ist Ihre Sorge wirklich begründet? Ist das Risiko, dass das, was Sie befürchten, eintritt, tatsächlich so hoch? Wenn Sie feststellen, dass viele Ihrer Ängste irrational sind, und Sie sie dennoch nicht loslassen können, empfiehlt es sich auch hier, sich an einen Fachmann zu wenden.

Karriere – Top oder Flop?

Jeder dritte Arbeitnehmer in Deutschland ist mit seiner Arbeit unzufrieden. Zu viel Zeit- und Leistungsdruck, fehlende Einfluss- und Entwicklungsmöglichkeiten und mangelnde Wertschätzung sind die Gründe. Bei dem einen stapeln sich die Aufträge auf dem Schreibtisch, sodass er kaum noch hinterherkommt. Ein anderer steht unter enormem Druck, weil er möglicherweise einen Arbeitsplatz verliert, und leidet daher unter Dauerstress. Wieder ein anderer ist am Wochenende so ausgepowert von der Arbeitswoche, dass er keine Lust mehr hat, mit der Familie etwas zu unternehmen. Im schlimmsten Fall mündet diese Unzufriedenheit in einer Erkrankung oder es geht bis zum Ende des Berufslebens so weiter. Viele kostbare Jahre sind dann vorbeigerauscht, ohne dass man das Leben wirklich spüren konnte.

Die Berufung leben – Neuorientierung

Für viele Menschen finden das Arbeitsleben und das Privatleben in zwei verschiedenen Welten statt. Doch selbst dann beeinflusst die eine Welt die andere. Groß geworden sind wir mit Glaubenssätzen wie »Erst die Arbeit, dann das Vergnügen« oder »Lehrjahre sind keine Herrenjahre«. Doch um Zufriedenheit zu spüren, brauchen wir das Gefühl, dass die Arbeit erfüllend ist, dass individuelle Fähigkeiten und Talente auch in den Beruf eingebracht werden können. Schließlich verbringen wir einen Großteil unserer Lebenszeit am Arbeitsplatz.

Selbstverwirklichung im Job ist kein Künstlerprivileg, jeder kann sich dieser Herausforderung stellen und für mehr Zufriedenheit sorgen. Möglicherweise ist die Firma mit ihren Rahmenbedingungen nicht die richtige für Sie? Oder Sie haben schon vor vielen Jahren einen Beruf gewählt, der nicht Ihrer Persönlichkeit entspricht? Dann wird es Zeit, über einen Jobwechsel oder sogar eine Neuorientierung nachzudenken.

Der Wunsch nach Veränderung ist dabei der wichtigste Motivator. Erfolgreiche Menschen, die in ihrem Beruf glücklich und zufrieden sind, sind häufig ihrem Herzen gefolgt. Wer Freude an seiner Arbeit spürt, dem wird es kaum an Energie und Motivation mangeln. Selbst nach einem Motivationstief wird sich der nächste Berggipfel schon wieder in der Ferne zeigen. Sich auf die Suche nach der eigenen Berufung zu machen, bedeutet nicht unbedingt gleich, den Job an den Nagel zu hängen. Auch wenn Sie genau darauf eigentlich Lust haben, sollten die nächsten Schritte in die berufliche Zukunft doch genau durchdacht sein.

Warten Sie nicht darauf, dass sich die Umstände von selbst ändern

Wer mit dem Gedanken spielt, den Job oder den Arbeitsgeber zu wechseln, oder sich sogar ganz neu orientieren möchte, sollte nicht übereilt handeln. Manche Menschen finden schon mehr Zufriedenheit durch den Wechsel in die Nachbarabteilung. Manchmal ist die Entscheidung für ein Ehrenamt neben dem Brotberuf ein besserer Ausgleich, oder man beginnt mit einer Weiterbildung, die Freude macht. In einigen Fällen ist es besser, sich Schritt für Schritt etwas Neues aufzubauen. Grundsätzlich entsteht aus einer Tätigkeit, die Freude macht, ein positiver Kreislauf: Wenn man etwas gern tut, erhält man dafür eher positives Feedback und wird es umso lieber tun.

In solch unliebsamen Umbruchzeiten sinkt die Stimmung häufig erst einmal in den Keller, besonders wenn sie länger andauern. Gerade dann ist es wichtig, sich etwas zu gönnen.

Das beruhigt die Nerven, signalisiert Normalität und lässt einen längerfristige Einschränkungen leichter ertragen.

Warten Sie jedoch nicht darauf, dass sich die Umstände oder Ihr Chef ändern. In der Opferrolle kann man lange warten. Es liegt bei Ihnen, ob Sie sich einen neuen Job suchen, innerlich kündigen und Dienst nach Vorschrift ableisten oder immer wieder das Gespräch suchen und Verbesserungsvorschläge machen. Eine solche Selbstverantwortung zu übernehmen, ist nicht jeder gewohnt. Wenn es ganz bei mir liegt, kann ich keinen anderen verantwortlich machen. Es ist dann kein anderer schuld, auf den ich zeigen kann. Jeder von uns hat die Möglichkeit, einen passenden Job und ein gutes Arbeitsumfeld zu finden, in dem er sich entwickeln kann. Es ist nicht immer die Berufung, die man sich irgendwann einmal vorgestellt hat – vielleicht reichen interessante Aufgaben und ein nettes Team ebenso aus.

Stellen Sie sich auf das Unvorhersehbare ein

Arbeitsabläufe zu planen und Termine einzuhalten, zeugt von guter Organisation. Doch ärgern sich viele darüber, wenn mal etwas nicht nach Plan läuft. Zu viel Planung macht unflexibel. Das ist besonders dann problematisch, wenn wir uns beruflich verändern und neue Wege gehen wollen. Der Ärger lässt sich vermeiden, wenn wir Unvorhersehbares in die Planung einbeziehen. Beim Friseur fällt ein Kunde aus, weil er den Termin vergessen hat; beim Arzt kommt am Nachmittag noch ein Patient dazu, weil er Schmerzen hat; im Büro ist ein Kollege erkrankt und ein anderer muss seinen Aufgabenbereich mit übernehmen … Schon im Alltag läuft es also nicht immer nach Plan. Der Anspruch, dass eine berufliche Veränderung genauso abläuft, wie man es sich wünscht, ist daher alles andere als realistisch.

Häufig stehen wir uns mit unserer Anspruchshaltung selbst im Weg. Endlich ist es geschafft, bei der neuen Stelle soll alles besser werden: die Aufgaben, das Betriebsklima, der Chef, die Kollegen, die Fahrtzeit und die sozialen Leistungen. Doch dann wird schnell klar, so nett wie beim Einstellungsgespräch ist die Personalleiterin nie wieder, die kürzere Strecke zur Arbeit beinhaltet Dauerstau, das Betriebsklima ist so gut nun auch wieder nicht. Die Vorstellungen stimmen mit der Realität nicht überein, das Anspruchsdenken war zu idealistisch angesetzt. Das macht schlechte Laune.

So gelingt das Scheitern

Wie können wir also damit umgehen, wenn unser mutiger Entschluss dann doch in einem Fehlschlag mündet? Unsere Gesellschaft ist auf Erfolge programmiert und fordert von uns berufliche Klarheit. Karrieretechnisch sollten wir am besten einen Fuß vor den anderen setzen und mit der Zeit die Karriereleiter immer höher klettern. Fehlentscheidungen, Rückschläge oder gar das berufliche Scheitern sind dabei nicht vorgesehen. Doch hin und wieder setzt jeder von uns eine Angelegenheit in den Sand: Ein Akquisegespräch geht schief und der Kunde orientiert sich anderweitig. Ein ehemals vielversprechendes Projekt nimmt einen unguten Verlauf und bringt mehr Minus als Plus ein. Und bei einigen scheitert sogar die ganze Karriere.

Die Angst vor dem Scheitern quält jeden irgendwann einmal. Sie hält uns davon ab, einen Traum zu verwirklichen. Der Gedanke daran, in entscheidenden Augenblicken zu versagen, bringt einige dazu, ihre Vorstellungen erst gar nicht in die Tat umzusetzen. Was, wenn die Selbstständigkeit sich nicht trägt, wenn beim Gesangsauftritt die Stimme wegbleibt, der Marketingentwurf beim Team durchfällt oder man die Probezeit in der neuen Firma nicht übersteht? Wir messen uns an Erfolgen, schließlich leben wir in einer Leistungsgesellschaft. Niemand gibt gerne zu, eine falsche Entscheidung getroffen zu haben, eine Aufgabe nicht bewältigen zu können oder das große Ziel knapp verfehlt zu haben. Doch diese Erfahrungen sind unausweichlich, weil sie zu neuen Erkenntnissen führen und wir aus ihnen lernen. Fehler gehören zum Leben. Wer zu sehr darauf bedacht ist, alles richtig zu machen, stellt viel zu hohe Ansprüche an sich selbst und wird zwangsläufig scheitern. Dagegen sind schon viele gute Ideen aus falschen Annahmen oder Fehlentwürfen entstanden.

Mit Enttäuschungen klarkommen

Enttäuschungen sind im Leben unvermeidbar. Häufig wollen wir sie nicht wahrhaben, doch manchmal verhält sich ein Kollege so unkollegial, dass es kaum zu fassen ist, manchmal wird man bei einer Beförderung übergangen oder fühlt sich von einem Vorgesetzten ungerecht behandelt und natürlich ist man auch manchmal von sich selbst enttäuscht, wenn man den eigenen Ansprüchen nicht gerecht wird oder ein selbst gestecktes Ziel verfehlt. Selbst wenn ein sehnlicher Wunsch sich erfüllt hat, kann die Realität hinterher ganz anders aussehen, als wir uns das vorgestellt haben. Solche Enttäuschungen werden auch von mehr oder weniger großen Gefühlen begleitet, vom leichten Ärger über Wut bis hin zur Verbitterung.

Eine Enttäuschung erleben wir dann, wenn ein Bedürfnis nicht erfüllt wurde oder wenn wir eine konkrete Erwartung hatten, uns etwas erhofft oder gewünscht haben, das dann entweder nicht eintritt oder anders ist als erwartet. Erwartungen machen uns das Leben schwer. Je höher die Erwartung, desto größer kann die Enttäuschung werden. Manchmal sind wir zu sehr auf unsere Wünsche und Ziele fokussiert, sodass wir nicht wahrhaben wollen, dass sie eigentlich nicht der Realität entsprechen und die Umstände die Erfüllung kaum zulassen. Die Erwartung an den Chef, er solle einen für eine erledigte Aufgabe loben, ist nur ein Wunsch, man hat keinen Anspruch darauf. Wir glauben, unsere Erwartungen an andere seien gerechtfertigt und völlig normal. So wünschen wir uns vielleicht, der Kollege wäre freundlicher, geduldiger oder bemühter, je nachdem, welche Bedürfnisse wir selbst gerade haben. Dabei handelt es sich aber nur um unsere ganz individuelle Vorstellung davon, wie ein anderer zu sein hat. Wir wissen nichts von der Befindlichkeit oder den Bedürfnissen des anderen. Diese können ganz konträr zu unseren eigenen sein. Die Menschen um uns herum haben wiederum auch Erwartungen an uns. So erwartet der Chef, dass jeder Mitarbeiter selbstverständlich die ihm zugeteilten Aufgaben bestmöglich erledigt, auch ohne Extra-Lob, denn dafür stellt er schließlich den Gehaltsscheck aus.

So ganz ohne Erwartungen kommen wir jedoch weder im Privat- noch im Berufsleben aus. Sich dieser Erwartungen bewusst zu werden, lässt uns gleichzeitig unsere Ansprüche an uns selbst und an andere erkennen. Unsere Erwartungen werden nicht immer erfüllt, weil es eben nur Vorstellungen und Wünsche sind. Hin und wieder können wir uns daher vor Augen führen, dass wir keinen Anspruch auf die Erfüllung unserer Wünsche haben.

Natürlich könnten wir Enttäuschungen auch dadurch vermeiden, dass wir versuchen, keine Erwartungen an das Leben zu stellen. Doch ohne Erwartungen gibt es kaum Motivation. Eine positive Erwartungshaltung beinhaltet Vorfreude und lässt uns später das Erreichte auch genießen. Enttäuschungen können wir also nicht vermeiden, aber wir können unseren Umgang mit Enttäuschungen so anpassen, dass sie uns nicht dauerhaft die gute Laune verderben.

◆ Adressieren Sie Ihre Enttäuschung an die Person, die es direkt betrifft. Sagen Sie, wie Sie sich fühlen.

◆ Sprechen Sie mit Freunden über Ihre Enttäuschung.

◆ Werden Sie aktiv und setzen Sie Ihre Enttäuschungsgefühle in körperliche Aktivität um.

◆ Was passiert ist, können Sie nicht mehr ändern, aber Sie können sich für die Zukunft wappnen:

   ◇ Listen Sie auf, welche positive Erfahrungen Ihnen die Enttäuschung gebracht hat.

   ◇ Lassen Sie los, was Sie nicht haben können, und suchen Sie sich ein passenderes Ziel.

 ## Enttäuschungen verkraften

Was gewinnen Sie, wenn Sie die Enttäuschung loslassen?

Was lernen Sie durch diese Enttäuschung über sich?

Was lernen Sie durch diese Enttäuschung über den/die anderen?

Hätten Sie etwas anders machen können? Falls ja, was lernen Sie daraus?

Welche Bedeutung hat die Enttäuschung für Sie jetzt gerade, welche in fünf Jahren, welche in zehn Jahren?

Welche guten Seiten beinhaltet die Enttäuschung?

An Niederlagen wachsen

Fehlentscheidungen trifft jeder einmal und auch Misserfolge muss jeder auf seinem beruflichen Weg einstecken. Wir können sie nutzen, um aus ihnen zu lernen, uns zu stärken und einen neuen Versuch zu wagen. Damit wir an Niederlagen wachsen können, brauchen wir ein Bewusstsein für die eigenen Schwächen. Beruflich zu scheitern heißt, eine Niederlage zu erleiden, die auch alle anderen Lebensbereiche in Mitleidenschaft zieht. Während die einen sich mit ihren Misserfolgen quälen oder übel gelaunt durch die Welt laufen, machen sich die anderen bereits auf den Weg, um aus den Scherben etwas Neues zu bauen.

Bei einem Misserfolg grübeln viele über die Gründe nach und konzentrieren sich zu sehr auf das Scheitern selbst. Es gilt nun, sich selbst einzugestehen, dass der bisherige Aufwand im Hinblick auf dieses Ziel nicht zum Erfolg geführt hat. All die Zeit und die Mühe und eventuell auch das Geld, das man in dieses Projekt, in dieses Unterfangen investiert hat, waren umsonst. Doch nach und nach sollte der Blick sich weiten, denn zum Leben und zur Karriere gehört mehr als die Zeit, in der es schwierig wurde. Wer die positiven Seiten einbezieht, für den ist es einfacher, sich auf den Neustart auszurichten.

Fragen Sie sich, was Sie aus diesem Scheitern mitnehmen können und was beim nächsten Anlauf anders laufen sollte. So können auch die negativen Gefühle verarbeitet werden. Dann wird es leichter, eine neue Herausforderung anzugehen.

Anderen viel gönnen

Spüren Sie aktiv in sich hinein, wie es ist, anderen viel zu
gönnen. Erleben Sie, wie das Ihre Stimmung verändert.

So funktioniert's

◆ Nehmen Sie sich etwas Zeit, in der Sie ungestört sind.

◆ Versuchen Sie, Zufriedenheit zu spüren, indem Sie sich auf
  das besinnen, was in Ihrem Leben derzeit gut läuft.

◆ Nun denken Sie an einen Arbeitskollegen oder eine Arbeits-
  kollegin, an einen Vorgesetzten oder eine Vorgesetzte oder
  an einen anderen Menschen aus Ihrem Umfeld, der etwas
  besitzt, das Sie eventuell bewundern oder um das Sie ihn
  oder sie eventuell sogar beneiden. Das kann ein Universitäts-
  abschluss sein, ein Auto oder eine bestimmte Reise.

◆ Anschließend versuchen Sie, dieser Person diese Sache zu
  gönnen. So als würden Sie sie von Herzen dazu beglück-
  wünschen.

◆ Spüren Sie nach, welche Auswirkungen diese guten Wünsche
  auf Sie selbst haben. Was verändert sich auf körperlicher und
  was auf geistiger Ebene? Wie fühlen Sie sich damit?

9.
Der Einfluss
der Unternehmenskultur
auf die Stimmung

Ein Unternehmen ist ein großes soziales Netzwerk und sollte deshalb nicht nur den wirtschaftlichen Erfolg in seinen Fokus stellen, sondern auch die Menschen, die innerhalb dieses Netzwerks arbeiten. Nicht nur das Gebäude, die Einrichtung und die Arbeitsabläufe haben Einfluss auf die Stimmung, sondern auch die Art und Weise des Umgangs miteinander. All dies hat einen erheblichen Anteil daran, dass Menschen gerne zur Arbeit gehen und sich der Firma verbunden fühlen.

Unter dem Radar

Die Dächer der Häuser sieht er nur kurz von oben. Er steuert den Heli lieber durch die Häuserschluchten, geht so tief er kann, unter den Brücken hindurch, raus aus der Stadt, im Tiefflug die Alleen entlang, durch die Täler, knapp über der Wasseroberfläche des Flusses hinweg. So gut und so lange es eben geht, bleibt er unter dem Radar. Am Anfang kam er nicht weit, aber nach einigen Wochen Übung ist er immer besser geworden und schaffte es, sich seinem Ziel immer zügiger zu nähern, ohne vom Feind getroffen zu werden.

Wenn das bei der Arbeit auch so leicht wäre. Einfach unter dem Radar seines Ausbilders hindurchtauchen, sich unsichtbar machen und damit unangreifbar sein.

Neben dem Schreibtisch, auf dem sein Computer steht, hängt ein Kalender an der Wand. Darin sind die Tage rot markiert, an denen er noch arbeiten muss. Urlaub, Feiertage und Berufsschultage sind gelb. Jeder Tag bis zum Ende der Ausbildung zählt, aber die Tage in der Firma setzen ihm besonders zu. Besonders schlimm ist es, wenn sein Ausbilder Kammann wieder mal seine »dollen fünf Minuten« hat. Fünf Minuten ist eigentlich untertrieben, denn wenn er seine schlechte Laune einmal rausgelassen hat, ist die Laune aller anderen gleich für die nächsten fünf Tage verdorben. Diesem ständigen Meckerer, dem er zugeteilt ist, kann er nichts recht machen. Und auch den anderen mies gelaunten Kollegen versucht er aus dem Weg zu gehen, besonders dem Chef, der es versteht, einem das Leben innerhalb von Sekunden zur

Hölle zu machen. Deshalb redet Leon in der Firma auch nur, wenn er gefragt wird. Er bleibt immer ruhig, lächelt nur ein bisschen und versucht ansonsten unsichtbar zu sein.

Erst gestern hat Kammann ihn wieder in die Pfanne gehauen. Der Autoschlüssel war wieder einmal verschwunden, und Leon hatte den Wagen zuletzt gefahren, weil er die Post weggebracht hatte, wie jeden Abend. »Wer hat schon wieder den Schlüssel?« Mit hochrotem Kopf stand Kammann in der Tür. Leon zuckte mit den Schultern: »Ich jedenfalls nicht.« Dabei setzte er sein unschuldigstes Lächeln auf. Noch ein Jahr in diesem Irrenhaus, dachte er sich, während er sich wieder dem Eintüten von Briefen und Briefumschlägen zuwandte. Aus den Augenwinkeln sah Leon, wie Kammann die Tür des Chefs ansteuerte. Sein Kopf senkte sich automatisch nach unten, am liebsten hätte er sich in den Briefumschlag verkrochen, in den er gerade die Rechnung steckte. Der Dialog zwischen Kammann und dem Chef wurde immer aufgeregter. »Das kann doch nicht sein, dass hier jeden Tag etwas anderes fehlt!« Und dann geschah, was besser nicht geschehen sollte: Der Chef verließ sein Büro. Normalerweise hängen seine Mundwinkel nur nach unten, aber diesmal hatte er auch diesen grimmigen Gesichtsausdruck drauf, der anzeigt, dass besser keiner in seinem Dunstkreis sein sollte. Frau Kleist verschwand in Sekundenschnelle ins Archiv. Und dann war Leon mit Kammann und dem Chef allein. »Nein, ich habe den Schlüssel wieder an das Schlüsselbrett gehängt«, verteidigte er sich und traute sich kaum zu atmen. »Es gibt doch noch andere hier, die den Wagen benutzen, Kundenfahrten, Kurierfahrten, Post …« Er war sich sicher, dass er den Schlüssel nicht hatte.

Im wirklichen Leben muss der Pilot nicht nur auf die Höhe achten, sondern auch auf das Wetter, den Luftwiderstand, den Kraftstoffverbrauch … Er versucht das alles irgendwie immer einzukalkulieren.

Am Abend entspannte sich die Situation etwas, irgendwer hatte den Ersatzschlüssel organisiert. Leon nahm den Stapel Briefe, den er zur Post bringen sollte, und zog seine Jacke an. Er setzte sich ins Auto, schnallte sich an und legte die Briefe auf den Beifahrersitz. Als er in die Jackentasche griff, war da etwas Hartes. Er startete den Motor, setzte zurück und fuhr los. Er kaute auf seiner Unterlippe herum, bis sie wehtat. Sollte er es Kammann und dem Chef beichten? Er beschloss, auch weiter unter dem Radar zu bleiben. An der Post stieg er aus, warf die Briefe in den Postkasten und den Schlüssel in den Mülleimer daneben.

 Unternehmenskultur

Wie fühlen Sie sich in Ihrem Unternehmen?
Haben Sie Vertrauen zu Teamleitern und Vorgesetzten?
Ist es erlaubt, die Meinung zu sagen und Vorschläge zu machen?

Zufriedenheit fördern

Betriebe sind in der Pflicht, etwas für das psychische und physische Wohlbefinden ihrer Mitarbeiter zu tun. Schließlich wollen sie ihre Arbeitskräfte belastbar, flexibel und vor allem arbeitsfähig halten. Unternehmen in ganz Europa stehen vor der Herausforderung, ihre älter werdenden Belegschaften arbeitsfähig und gesund zu erhalten. Gerade in Deutschland ist dies ein wichtiges Thema, da die Lebensarbeitszeit in den letzten Jahrzehnten immer weiter heraufgesetzt wurde.

Um physisch und psychisch gesund zu sein und zu bleiben, ist eine passende Umgebung wichtig. Häufig sind wir Einflüssen ausgesetzt, die negativ auf die Gesundheit einwirken. Das ständige Telefonklingeln im Großraumbüro, das Arbeiten ohne Tageslicht, der Mangel an Bewegung … Es gibt jede Menge Möglichkeiten, an den Stellschrauben Psyche und Körper zu drehen. Zwar setzen gerade größere Unternehmen bei der Gesundheit des Einzelnen an, doch dabei wird der Einfluss der Unternehmenskultur häufig außer Acht gelassen. Die Stimmung des einzelnen Mitarbeiters ist da ebenso wichtig wie die Stimmung, in die er durch seine Arbeit eingebunden ist.

Die Unternehmenskultur ist nicht das, was nach außen in Pressegesprächen, auf Flyern oder in Mitarbeiterposts gezeigt wird, sondern sie zeigt sich dadurch, wie glaubwürdig die Werte des Unternehmens nach innen vertreten werden. Spiegelt sich der

Geist des Unternehmens im täglichen Handeln wider? Oder gibt es häufig Widersprüche zwischen der Außendarstellung und der Innenansicht?

Viele Unternehmen erkennen nicht, welchen negativen Einfluss ein schlechtes Betriebsklima auf die Mitarbeiter hat: Gesundheit, Produktivität und Kreativität können erheblich in Mitleidenschaft gezogen werden. Der Auszubildende aus der Geschichte »Unter dem Radar« traut sich aufgrund der schlechten Stimmung im Betrieb nicht, einen Fehler einzugestehen. Der Firma entsteht dadurch ein Schaden, der wahrscheinlich nicht gravierend ist. Besser wäre es jedoch für alle Beteiligten, wenn der junge Mann so viel Vertrauen zu seinen Vorgesetzten hätte, den Fehler einzugestehen und den Schlüssel wieder dorthin zurückzulegen, wo er hingehört. Auch dem jungen Mann entstand ein Schaden. Die Zeit während der Ausbildung ist für viele schon schwierig genug, diese Zeit aber auch noch in einem miesen Betriebsklima zu verbringen, raubt jede Menge Lebensfreude.

Vermeidung stressbedingter Erkrankungen als betriebliche Aufgabe

In einigen Teams, Abteilungen oder ganzen Firmen hängt der Haussegen schief. Man kommt dort schon in der Frühe in ein drückendes Klima. Schlechte Arbeitsbedingungen, schwierige Arbeitsabläufe oder einfach eine miese Stimmung können die Motivation und Leistungsfähigkeit der Mitarbeiter erheblich schmälern und wirken sich letztendlich auch auf die Produktivität eines Unternehmens und seinen Gewinn aus. Das ist bei einer Kommunalverwaltung nicht anders als in Wirtschaftsunternehmen. Der eine Mitarbeiter fühlt sich durch die Kunden gestört, der andere hat mit einem cholerischen Chef zu kämpfen – es gibt viele Faktoren, die das Betriebsklima verschlechtern können. Einige der großen Unternehmen haben dies bereits erkannt und probieren verschiedene Lösungsansätze aus, doch bei vielen mittelständischen Betrieben hat sich dieses Denken noch nicht etabliert. Ein Teil zweifelt am Nutzen gesundheitlicher Programme, ein anderer Teil fürchtet die zusätzlichen Kosten und der Rest schafft es einfach nicht, sich näher mit diesem Thema auseinanderzusetzen.

Dabei haben Unternehmen jede Menge Gestaltungsspielraum, um für das psychische und körperliche Wohlbefinden der Mitarbeiter zu sorgen. Ansetzen kann man sowohl beim einzelnen Mitarbeiter als auch beim Unternehmen selbst. Das Unternehmen selbst kann beispielsweise seine Führungskräfte schulen, damit diese als Vorbild für alle Mitarbeiter dienen können. Einige Unternehmen vergeben Aufträge an externe Firmen, wenn Mitarbeiter in schwierigen Lebenslagen Hilfe benötigen, andere setzen auf kontinuierliche Ansprechpartner. Ob Burnout-Symptome oder Suchtverhalten, Probleme mit den Kindern, pflegebedürftige Eltern oder eine finanzielle Schieflage, dies alles sind zwar Probleme des Mitarbeiters selbst, doch können die Auswirkungen auf die Firma gravierend sein.

Manche Firmen sind in der Ideenfindung sehr kreativ und versuchen ihre Mitarbeiter durch Maßnahmen zu schützen, bei denen sie ihnen die Möglichkeit nehmen, über eine bestimmte Zeit hinaus zu arbeiten. So sorgen sie beispielsweise dafür, dass die Firmen-E-Mails ab einer bestimmten Uhrzeit nicht mehr an die Mitarbeiter-Accounts zugestellt werden. Im besten Fall arbeiten das Unternehmen und die Mitarbeiter gemeinsam daran, sich gesundheitsbewusst zu verhalten. So bieten einige Unternehmen beispielsweise in der Mittagspause ein gemeinsames Bewegungsprogramm oder in der Pause zwischendurch eine gemeinsame Kurzmeditation an, oder Einzelbesprechungen werden bei schönem Wetter im Gehen durchgeführt. Der Fantasie sind dabei keine Grenzen gesetzt.

Mehr Freiheiten gegen Langeweile

Winston Churchill sagte einst: »Man kann die Menschen in drei Klassen einteilen: Solche, die sich zu Tode arbeiten, solche, die sich zu Tode sorgen, und solche, die sich zu Tode langweilen.« Immerhin verstreicht ein nicht unerheblicher Anteil der täglichen Arbeitszeit, ohne produktiv genutzt zu werden – wie bereits erwähnt betrifft das bis zu einem Viertel der bezahlten Arbeitszeit.

Wie es anders gehen kann, erfährt man in Antonio García Martínez' Buch »Chaos Monkey«, in dem er von seiner Zeit als Manager bei Facebook berichtet. Weitere Einblicke gibt er über seinen Podcast. Unter anderem beschreibt er die besondere Kultur bei Facebook. Jeder Programmierer erhält dort eine eigene Facebook-Version, die er immer wieder so verändern kann, wie er möchte. Zudem gäbe es bei Facebook sogenannte »Hackathons«, Veranstaltungen, bei denen Programmierer mit neuen Produkten experimentieren können, auch wenn dies nicht zu ihren eigentlichen Aufgaben zählt.

Wie dieses Beispiel zeigt, haben Unternehmen jede Menge Möglichkeiten, ihren Mitarbeitern Freiräume einzurichten. Das Spektrum reicht von kreativen Meetings über Forschungszeit bis hin zur zeitlichen Flexibilität für Mitarbeiter oder dem Arbeiten von zu Hause aus.

Die Wir-Stimmung als Basis für eine gute Unternehmensentwicklung

Jedes Unternehmen sollte daran interessiert sein, ein Wir-Gefühl zu schaffen, denn dadurch entstehen Solidarität und Verbundenheit. Gemeinsame Gewohnheiten und kleine Rituale helfen dabei, ein positives Betriebsklima zu schaffen und das Wir-Gefühl zu stärken. Mit der Zeit wächst dadurch das Gefühl für die Gemeinschaft und das Klima wird positiver. Wenn dies gelingt, halten die Mitarbeiter seltener nach einer neuen Stelle Ausschau. Eine wohlwollende Stimmung, in der sich Arbeitnehmer gut aufgehoben fühlen, ist zudem für die Arbeitsleistung sicherlich förderlicher als ein Klima von Misstrauen und Angst.

Stimmungen können außerdem Lernprozesse fördern. Aus der Pädagogik ist bekannt, dass die Vermittlung von Erfolgserlebnissen entweder durch den Erzieher oder durch den Lernerfolg selbst entscheidend dazu beiträgt, das Lernen positiv zu beeinflussen, insbesondere wenn die Lernprozesse produktiv begleitet und damit optimiert werden. Gerade im Hinblick auf den Umgang mit Auszubildenden sollten Unternehmen dieser Erkenntnis Beachtung schenken.

Herrscht im Unternehmen eine Stimmung von Angst, Missgunst oder Neid, wird das den gemeinsamen Erfolg sicherlich schmälern, insbesondere wenn sich unterschiedliche schlechte Stimmungen häufen. Nehmen solche schlechten Stimmungen Überhand, behindern Sie sowohl die Kommunikation als auch die gemeinsame Weiterentwicklung und die gemeinsame Zielerreichung. Ein positives Wir-Gefühl kann so nicht entstehen.

Die Vorteile guter Stimmung am Arbeitsplatz

Für das Unternehmen	Für den Mitarbeiter
Ein geringerer Krankenstand	Persönliches Wohlbefinden
Leistungsfähige Mitarbeiter	Sicherer Arbeitsplatz
Motivierte Mitarbeiter	Anerkennung und Wertschätzung
Reibungslosere Arbeitsabläufe	Weniger psychische Belastungen
Erhöhte Produktivität und Wirtschaftlichkeit	Weniger körperliche Anspannungen

Der Pausenraum zur Stärkung des Wir-Gefühls
(für Chefs und Leiter)

◆ Machen Sie aus dem Pausenraum, dem Besprechungs-raum oder der Küche einen Wohlfühlort. Richten Sie eine kleine Firmenküche / einen Aufenthaltsraum ein, in der/dem man sich gern aufhält, am besten mit Kaffeemaschine, Wasserkocher und Mikrowelle.

◆ Stellen Sie für die Mitarbeiter mindestens einmal wö-chentlich Kleinigkeiten wie Studentenfutter, Müsli oder Obst bereit.

◆ Machen Sie diesen Ort zum täglichen Pausenmittelpunkt, an dem sich die Mitarbeiter in lockerer Atmosphäre aus-tauschen können.

Macht und Grenzen von Führungskräften

Vorgesetzte haben es schwer. Sie müssen dafür sorgen, dass ihre Anweisungen befolgt werden, dass die Firma lohnende Erträge abwirft und dass sie den Anforderungen des Unternehmens und der Mitarbeiter gerecht werden. In größeren Unternehmen legt die hierarchische Struktur genau fest, wer wofür verantwortlich ist und welcher Vorgesetzte einer untergeordneten Führungskraft gegenüber weisungsbefugt ist. Zuständigkeiten, Arbeitsabläufe, Ziele und Berichte sollten klar geregelt sein, damit jeder weiß, was seine Aufgaben sind und was in seinem Verantwortungsbereich liegt.

In einer Hierarchie arbeiten

Der Begriff »Hierarchie« stammt aus dem Griechischen und setzt sich zusammen aus den Worten »hieré« (heilig) und »arché« (Herrschaft, Ordnung, der Erste). Er beschreibt ein System von Elementen, die einander in funktionaler Weise über- und untergeordnet sind. In Behörden, bei der Kirche, beim Militär oder bei der Linienorganisation eines Unternehmens wird die Struktur auf diese Weise genau festgelegt. Bildlich wird ein ungleiches Machtverhältnis zwischen Personen als Gefälle bezeichnet. Ein solches Machtgefälle ist in Hierarchien kaum vermeidbar.

Es gibt öffentlich eingerichtete Hierarchien, aber auch informelle Hierarchien, die von selbst, vielleicht sogar im Geheimen gewachsen sind. Selbst in unstrukturierten Gruppen bilden sich sehr schnell informelle Hierarchien aus. Dann gibt der Lauteste oder der rhetorisch Gewandteste den Ton an und wird zum Anführer.

Einerseits werden hierarchische Ordnungsprinzipien durch die Zeit bestimmt, andererseits aber auch durch Kompetenzen. Überall da, wo man mit Lehren und Lernen zu tun hat, gibt es meist ein solches Gefälle, zum Beispiel in der Schule zwischen Direktor, Lehrer und Schüler, an der Universität zwischen Professor, Assistent und Student, in einem Handwerksbetrieb zwischen Meister, Geselle und Lehrling oder in einer Klinik zwischen Chefarzt, Oberarzt und Stationsarzt. Damit Hierarchien funktionieren, bedarf es Führungspersönlichkeiten, die sich dieser Aufgabe stellen wollen. Sie arbeiten unerlässlich an der inneren Substanz ihrer Organisation und versuchen, Widerstände und Unsicherheiten zu überwinden, und möglichst den Ansprüchen aller Seiten gerecht zu werden.

Hierarchien im Unternehmen bieten den Mitarbeitern die Möglichkeit, aufzusteigen und »Karriere zu machen«. Allerdings sind die Strukturen dabei oft so gestaltet, dass der einzelne Mensch relativ austauschbar ist, weil der laufende Betrieb im Falle eines Personalwechsels nicht leiden soll.

Wer in der Hierarchie eine hohe Position innehat, trägt auch eine hohe Verantwortung – durchaus auch für die Stimmung in der jeweiligen Organisation. Gerade wenn der Chef seine Launen nach außen trägt, betrifft das die gesamte Stimmung in der Firma. Die Mitarbeiter sind von seinen Befindlichkeiten besonders abhängig, deshalb sind sie für diese auch besonders empfänglich. Ein Chef hat das Sagen, gibt Anweisungen, kann seine Vorstellungen durchsetzen oder sogar eine Kündigung aussprechen. Mitarbeiter spüren daher in der Regel, wenn die Laune des Vorgesetzten sich verschlechtert, und versuchen sich darauf einzustellen.

Von der Führungskraft hängt einiges ab

Unternehmen ist häufig bewusst, dass Führungskräfte für das Engagement und die Motivation der Mitarbeiter mit verantwortlich sind. Wenn eine Führungskraft ihre Verantwortung nicht ausreichend wahrnimmt, kommt es in ihrem Team wahrscheinlich zu Schwierigkeiten. Häufig erfinden Führungskräfte spannende Erklärungen für eine hohe Fluktuationsrate in ihrem Team, aber nicht alle setzen sich damit auseinander, inwiefern sie eventuell vielleicht selbst der Anlass dafür sind. Dafür bräuchte man eine ausreichende Fähigkeit zur Selbstreflexion und die Bereitschaft, eventuell auch an sich selbst etwas zu verändern.

Die Bedeutung der Motivation der Mitarbeiter – und die damit verbundene wichtige Aufgabe der Führungskraft – darf man nicht unterschätzen. Untersuchungen der University of California zeigen, dass motivierte Mitarbeiter um 31 Prozent produktiver sind und um 37 Prozent höhere Umsätze generieren als unmotivierte Mitarbeiter. Die Wahrscheinlichkeit einer Kündigung sinkt bei motivierten Mitarbeitern und sie sind kreativer als ihre unmotivierten Kollegen. Laut dem Markt- und Meinungsforschungsinstitut Gallup hängt die Motivation eines Mitarbeiters sogar zu 70 Prozent von der jeweiligen Führungskraft ab. Dennoch ist ein großer Teil der Führungskräfte nicht in der Lage, die Bedeutung des Einzelnen für das Team zu erkennen und ausreichend zu würdigen. Aus diesem Grund kommen diese Führungskräfte erst gar nicht auf die Idee, ein Lob auszusprechen oder gar einen Dank an den Mitarbeiter zu richten.

Dabei sind solche kleinen Gesten enorm wichtig, nicht allein zur Motivation, sondern auch, wenn man einen Mitarbeiter halten möchte. Wenn ein Mitarbeiter besonders viel, besonders hart oder besonders kreativ arbeitet, braucht er irgendwann einen Ausgleich in Form von Geld, Freizeit und Anerkennung. Ansonsten wird er sich einen Posten suchen, bei dem der Chef seinen Wert anerkennt.

Es gibt Führungskräfte, denen es wichtig ist, dass sie selbst im Mittelpunkt stehen. Sie wollen, dass ihnen zugearbeitet wird, sie wollen gelobt werden und sie wollen den Ruhm ernten. Davon geben sie allerdings wenig an ihre Teammitglieder weiter. Gerade wenn ein Mitarbeiter sehr gute Leistungen erbringt, sollte er dafür jedoch eigentlich ein positives Feedback erhalten. Schließlich hört jeder gerne, dass er seine Arbeit gut macht. Eine gute Führungskraft sollte deshalb in der Lage sein, zuzuhören, sich in die Lage der Mitarbeiter zu versetzen, Feedback zu geben und zu loben. Gute Führungskräfte feiern nicht nur die eigenen Erfolge, sondern auch die des einzelnen Mitarbeiters.

Noch eine weitere wichtige Aufgabe müssen Führungskräfte erfüllen: Es gilt, die richtigen Mitarbeiter auszuwählen. Gute und fleißige Mitarbeiter wünschen sich schließlich ebenso professionelle Kollegen. Schafft eine Führungskraft es nicht, Mitarbeiter einzustellen, die miteinander harmonieren, ist das Team nicht voll leistungsfähig. Wird gar der falsche Mitarbeiter befördert, wirkt sich das demotivierend auf den Rest des Teams aus.

Tatsächlich präsentieren sich Führungskräfte nach außen häufig ganz anders, als sie sind. Sie wissen, was von ihnen verlangt wird, und wollen diesen Anforderungen auch gerecht werden – zumindest in der Theorie. In der Realität haben sie aber genauso wie jeder andere auch ihr Päckchen zu tragen. Allerdings wirkt die Fassade bei einigen so echt, dass sie selbst daran glauben, so zu sein, wie sie gern wären. So schaffen sie sich ihre eigene Realität und täuschen damit leicht auch andere. Gerade wer hohe Positionen in größeren Unternehmen anstrebt, kann als zukünftige Führungskraft nicht mit Bescheidenheit punkten. Gesehen werden diejenigen, die für sich selbst Eigenwerbung machen und sich gut präsentieren. Ob das wirklich zum Wohle der Mitarbeiter und des Unternehmens ist, steht auf einem anderen Blatt.

Die Idealvorstellungen der Mitarbeiter

Führungskräfte sollten ihre Mitarbeiter hin und wieder fragen, was sie brauchen, damit sie sich im Betrieb wohlfühlen können. Die Antworten reichen wahrscheinlich von der Forderung nach einer Gehaltserhöhung über Vorschläge, bestimmte Arbeitsabläufe oder Formen der Zusammenarbeit zu verändern, bis hin zum Wunsch nach mehr öffentlicher Anerkennung für Leistungen. Die Mitarbeiter sollten auch danach gefragt werden, was ihnen in ihrem Job wichtig ist. Das kann von Mensch zu Mensch sehr unterschiedlich sein. Der eine liebt die Routine, der andere sucht in seinen Aufgaben einen höheren Sinn und wieder ein anderer braucht Abwechslung in seinen Tätigkeiten und möchte etwas Neues entwickeln.

Eine Führungskraft sollte wirtschaftlich handeln und unternehmerisch denken und dabei empathisch für die Mitarbeiter sein. Wenn Sie selbst Führungskraft sind, sollten Sie daher immer wieder das Gespräch mit den Mitarbeitern suchen, damit Sie herausfinden, was sie motiviert, ihre Arbeit gut zu erledigen, und was sie brauchen, um eine gute Teamarbeit zu leisten. Diesen Wünschen der Mitarbeiter sollten Sie Gehör schenken und so viele sinnvolle Wünsche wie möglich umsetzen. Für einen Mitarbeiter ist das eine bedeutende Form der Anerkennung durch seinen Vorgesetzten.

Nicht selten denken Führungskräfte allerdings, dass ihre Mitarbeiter weniger leisten, wenn sie ihre eigenen Ideen verfolgen. Studien zeigen jedoch eher das Gegenteil: Mitarbeiter, die ihre eigenen Interessen verfolgen können, interessieren sich demnach besonders für ihre Arbeit. Bietet die Arbeit zu viele oder zu wenige Herausforderungen, wird sich ein interessierter Mitarbeiter dagegen schnell nach einem neuen Job umsehen.

Sicher ist die Umsetzung dieser Ratschläge nicht so einfach, wie es zunächst klingt. Vorgesetzte sitzen häufig zwischen den Stühlen. Auf der einen Seite sind sie für den Profit zuständig und müssen den damit verbundenen Anforderungen gerecht werden, auf der anderen Seite sind sie aber auch verantwortlich für das Wohlbefinden ihrer Mitarbeiter. Da aber zufriedene Mitarbeiter auch leistungsfähiger sind, besteht hier letztlich kein Widerspruch, sodass es sich lohnt, nach Lösungen im Sinne der Mitarbeiter zu suchen.

Eine gute Führungskraft ...

◆ schafft Nähe und Kontakt zum Mitarbeiter.
◆ kann sich in ihre Mitarbeiter hineindenken.
◆ berücksichtigt die Meinung der Mitarbeiter bei den Entscheidungen.
◆ nimmt Ideen des Teams oder Einzelner auf.
◆ spürt Spannungen auf, spricht diese an und hilft, sie aufzulösen.

Für Führungskräfte

Es ist wichtig zu wissen, was diejenigen, mit denen Sie tagtäglich arbeiten, von Ihnen halten: Haben Sie Angst vor Ihnen, schätzen sie Sie oder mögen sie Sie?

Wir wirken Sie auf die Mitarbeiter?

Wie gehen Sie in der Firma mit anderen Menschen um?

Verbreiten Sie eher Ruhe, Halt und Sicherheit oder eher Unruhe und Unsicherheit?

Sind Sie eher extrovertiert oder introvertiert, eher kollegial oder unkollegial, hilfsbereit oder wenig entgegenkommend?

Sind Sie eher beliebt oder weniger beliebt?

Wie organisieren Sie sich und Ihre Arbeit? Sind Sie eher strukturiert oder eher kreativ?

Wie treffen Sie berufliche Entscheidungen: eher verstandesmäßig analytisch oder eher gefühlsmäßig intuitiv?

Mit Macht korrekt umgehen

Zum Alltag von Führungskräften gehört der Umgang mit Macht. Macht geht damit einher, in einer übergeordneten Position zu sein. Für Führungskräfte und Chefs bedeutet das, Dinge auch einfach mal anordnen zu können und bei Mitarbeitern die eigene Linie durchzusetzen, auch wenn diese eine andere Meinung haben. Jede Führungskraft hat einen bestimmten Rahmen an Macht. Je höher sie in der Unternehmenshierarchie steht, umso größer sind ihre Befugnisse. Macht fasziniert die meisten Menschen, wirkt aber gleichzeitig beängstigend.

Macht und Autorität sollten natürlich nur Führungskräften verliehen werden, die sich der Bedeutung von Macht bewusst sind und diese kompetent handhaben. Im Idealfall wird Macht also Menschen zugestanden, die sich als würdig erweisen, die authentisch sind, zu ihren Werten stehen und Rückgrat zeigen. Wer Macht kompetent handeln möchte, sollte sich seiner eigenen Vorstellungen über Werte und auch der Grenzen der Machtausübung bewusst sein und auch über soziale Kompetenz verfügen. Die positiven Seiten der Macht sollten Führungskräfte bejahen, damit ihnen ihr Einfluss, ihre Entscheidungen oder ihre Verfügungsmöglichkeiten leicht von der Hand gehen. Gleichzeitig sollten sie die Schattenseiten akzeptieren, wie Verantwortungs-, Entscheidungs- und Erfolgsdruck, Neid und Missgunst von anderen sowie die hohe zeitliche Inanspruchnahme.

Aus unterschiedlichen Machtverhältnissen entstehen Konflikte. Der Rangniedrigere ist nicht immer mit dem zufrieden, was der Ranghöhere beschließt. Widersprüchliche Ziele von Führungskräften und Mitarbeitern, Intrigen, eigene Profilierung auf Kosten anderer oder Koalitionsbildung fördern Konflikte. Auch kommt es zwischen Ranggleichen zu Machtkämpfen. Eine Führungskraft ist jedoch auf dem falschen Weg, wenn sie in solchen Situationen ihre Launen an den Mitarbeitern auslässt, sich kein Feedback geben lässt, empfindlich auf Kritik reagiert oder überheblich, abwertend oder unbeherrscht reagiert.

- Schmeicheln: durch Schmeicheleien versuchen, die eigene Position zu verbessern.
- Misstrauen schüren: andere in Misskredit bringen, um die eigene Position zu sichern.
- Abtauchen: sich möglichst unsichtbar machen und unter dem Radar hindurchtauchen, um nicht in die Schusslinie zu geraten.
- Anpassen: möglichst nicht negativ auffallen, Bestätigung suchen.
- Passiv Widerstand leisten: wertvolle Informationen nicht weitergeben, Termine nicht einhalten, vermehrte Krankschreibungen.
- Isoliertes Arbeiten ohne Vertrauensverhältnis zu den anderen Mitarbeitern.

Das psychologische Kapital

Üblicherweise verbinden wir Kapital mit Wirtschaft und Geld. Ohne den Menschen selbst ist Geld jedoch völlig bedeutungslos. Daher wird das Wort »Kapital« in einer Studie der Arizona State University im Sinne des Organisationspsychologen Fred Luthans verstanden, der das Kapital des Menschen im Kopf ansiedelt. Luthans und seine Mitarbeiter untersuchten zentrale Stärken von Führungskräften und ihren Mitarbeitern – das »psychologische Kapital«, das diese Leute befähigt, zuversichtlicher zu sein, besser zu arbeiten und mehr zu leisten. Dazu gehört beispielsweise die Überzeugung, auch unter Druck und unter wechselnden Bedingungen arbeiten zu können und jedes Problem irgendwie in den Griff zu bekommen. Wer über verschiedene Wege verfügt, Arbeitsziele zu erreichen, und nicht nur eine Möglichkeit hat, ist im Vorteil. Auch der Umgang mit Misserfolgen gehört zum psychologischen Kapital: Wenn etwas schlecht gelaufen ist, sollte man dies analysieren und in Zukunft versuchen, es besser zu machen

Um das psychologische Kapital zu ermitteln, entwickelten die Forscher einen Fragebogen, den »Psychological Capital Questionnaire« (PCQ), der unter anderem Eigenschaften, die aus der Positiven Psychologie bekannt sind, erfragt, der Forschungsrichtung, die sich mit den menschlichen Stärken beschäftigt. Folgende Kriterien spielen dabei eine Rolle:

- **Selbstwirksamkeit:** Man ist von seinen eigenen Fähigkeiten überzeugt.
- **Hoffnung:** Man hält an gesteckten Zielen fest.
- **Optimismus:** Man blickt zuversichtlich in die Zukunft und glaubt an seinen Erfolg.
- **Widerstandsfähigkeit:** Man bewältigt Probleme und überwindet Hürden.

Positive Eigenschaften von Führungskräften färben ab

Aus einer US-amerikanischen Studie mit Polizisten geht hervor, dass Führungskräfte ihre Mitarbeiter stärken, sofern sie selbst über psychologisches Kapital verfügen. Wenn das allgemeine Serviceklima gut war und die Führungskräfte ausgeprägte Eigenschaften von Optimismus, Widerstandsfähigkeit und Selbstvertrauen erkennen ließen, war auch die Arbeitsleistung der Kollegen insgesamt besser. Offenbar färben Eigenschaften der Führungskraft auf die Mitarbeiter ab. Gelingt es der Führungskraft, den Mitarbeitern vorzuleben, wie man Hürden aus dem Weg räumt und Probleme mit Optimismus angeht, sodass auch die Teammitglieder optimistisch und widerstandsfähiger werden, arbeiten alle besser.

Dementsprechend sollten Mitarbeiter im Idealfall auch danach ausgewählt werden, ob sie dieses psychologische Kapital von vornherein mitbringen. Denn gerade die zuversichtlichen Menschen verstehen es, anderen bei einem Gespräch ein Lächeln ins Gesicht zu zaubern. Aber Achtung: Wenn Sie eine Führungsposition anstreben oder bereits eine innehaben und Ihr psychologisches Kapital nicht optimal ist, können Sie auch noch daran arbeiten. Mittlerweile gibt es jede Menge Trainings, in denen das psychologische Kapital ausgebaut werden kann. Positive Eigenschaften lassen sich durchaus trainieren, durch Fallbeispiele und Rollenspiele etwa.

In Jedem Fall gilt: Führungskräfte sollten ihren Mitarbeitern wichtige Werte vorleben. Es reicht nicht, lediglich über Werte zu sprechen. Mitarbeiter orientieren sich nur an authentischen Vorbildern.

Das Stimmungs- bzw. Moodboard

Um sich über die Stimmung in der Abteilung oder im Team klar zu werden, eignet sich ein »Moodboard«. Moodboards sind sowohl in der Werbe- als auch in der Modebranche sehr beliebt, weil man anderen damit gut die eigenen Ideen nahebringen kann. Sie zeigen Dinge, die inspirieren oder eine bestimmte Atmosphäre vermitteln. In dieser Übung verstehen wir das Moodboard im Wortsinne als »Stimmungs-Board«, nutzen es also, um die Atmosphäre im Team zu veranschaulichen. Ähnlich wie bei einer Collage werden dazu verschiedene Materialien so lange miteinander kombiniert, bis sich ein stimmiges Gesamtbild ergibt.

So funktioniert's

I. Nutzen Sie Materialien von Ihrem Arbeitsplatz wie Rechnungsschnipsel, Klebezettel, Paketschnur, Teebeutel, Blätter der Topfblume oder sonstige alltägliche Dinge, mit deren Hilfe Sie die Stimmung im Team darstellen können. Natürlich dürfen Sie auch etwas dazuschreiben oder Figuren malen.

2. Ordnen Sie all diese Dinge gemeinsam so auf dem Tisch, auf einem Holzbrett oder einer Leinwand in der Größe Ihrer Wahl an, bis das ganze Team mit dem Stimmungsbild einverstanden ist.
3. Machen Sie zum Abschluss ein Foto mit dem Handy, um die Stimmung festzuhalten.
4. Das Stimmungsbild kann sich auch in den nächsten Tagen weiterentwickeln, indem jeder, der daran vorbeigeht, es weiter verändern darf.

Gute-Laune-Coaching to go

Sich mit gut gelaunten Menschen umgeben

Umgeben Sie sich möglichst oft mit gut gelaunten Menschen. Denn die Stimmung der Menschen, mit denen wir tagtäglich zu tun haben, färbt auf uns ab. Hat man es häufig mit Miesepetern und Stinkstiefeln zu tun, gerät man leicht selbst in eine schlechte Stimmung. Suchen Sie daher die Gesellschaft von Kollegen und Vorgesetzten, die die Welt positiv betrachten und trotz aller Niederlagen immer wieder hoffnungsvoll in die Zukunft blicken.

Stimmungsmacher bewusst einplanen

Notieren Sie sich auf einem Haftzettel Ihre persönlichen Stimmungsmacher und kleben den Haftzettel an den Computer, an die Pinwand oder an den Kühlschrank. Planen Sie ganz bewusst Gute-Laune-Aktivitäten in Ihren Alltag ein, und nehmen Sie sie in Ihren Kalender auf: Musik machen, tanzen gehen, ein Spieleabend mit Freunden, ein Tag im Schwimmbad ...

Schlechte Laune als Signal erkennen

Ebenso wie wir gut gelaunt sein können, kann uns auch mal schlechte Laune überkommen. Das ist völlig normal. Hält die schlechte Laune allerdings länger an oder wirkt sie sich negativ auf andere Menschen aus, sollten Sie ihr auf den Grund gehen.

Häufig ist schlechte Laune ein Signal, dass gerade etwas nicht stimmig ist. Das kann sowohl privat als auch beruflich begründet sein. Überlegen Sie daher, welche Funktion Ihre schlechte Laune gerade hat: Vielleicht arbeiten Sie zu viel? Vielleicht ist Ihnen eigentlich nach Rückzug zumute und Sie halten sich mit Ihrer schlechten Laune alle anderen vom Leib? Fragen Sie sich, was Sie gerade brauchen, um Ihre Arbeit wieder in der Stimmung erledigen zu können, die Sie sich wünschen.

Vor der Arbeit

Sie können schon morgens viel dafür tun, den Tag in möglichst guter Stimmung zu verbringen. Achten Sie darauf, nicht zu spät aufzustehen, damit Sie nicht unter Zeitdruck geraten. Verteilen Sie die morgendlichen Aufgaben gerecht auf alle Familienmitglieder. Lassen Sie sich von anregender Musik wecken und genießen Sie die Zeit für sich selbst. Bereiten Sie sich innerlich auf den Tag vor, indem Sie überlegen, worauf Sie sich freuen.

Während der Arbeit

Achten Sie während der Arbeit auf sich. Sie sollten sich nicht überfordern, sondern auf die Anzeichen von Erschöpfung und Ermüdung des Geistes und des Körpers achten. Nutzen Sie die Pausen, um an die frische Luft zu gehen oder zumindest das Fenster zu öffnen. Wechseln Sie häufiger die Arbeitsposition, nehmen Sie die Treppe anstelle des Aufzugs, laufen Sie in der Mittagspause durch den angrenzenden Park. Nehmen Sie die Farben um sich herum wahr, besonders die grünen Inseln. Vergessen Sie nicht, sich für Ihre Arbeit zu belohnen. Gibt es einen

Arbeitsvorgang, den Sie gerade erfolgreich abgeschlossen haben? Vielleicht haben Sie auch ein bestimmtes Aufgabenpensum abgearbeitet oder einen guten Vertrag unterschrieben. Dann belohnen Sie sich dafür! Räumen Sie Ihren Arbeitsbereich auf und machen Sie Platz für den nächsten Vorgang, informieren Sie einen Kollegen oder legen Sie eine kurze Kaffeepause ein. Auch die Ernährung ist wichtig für eine gute Stimmung. Achten Sie daher auf gesunde und möglichst natürliche Lebensmittel.

Nach der Arbeit

Beginnen Sie schon auf dem Weg nach Hause mit dem Abschalten. Schenken Sie Ihrer Umgebung Aufmerksamkeit und beobachten Sie, was um Sie herum vorgeht. Vielleicht genießen Sie es auch, nach der Arbeit zum Sport zu gehen oder einen Spaziergang an der frischen Luft zu machen. Widmen Sie sich noch eine Weile den Dingen, die Sie persönlich interessieren. Wenn Ihnen spät abends noch wichtige Dinge einfallen, die Sie vom Schlafen abhalten, legen Sie sich Stift und Block auf den Nachttisch. Notieren Sie sich in Stichpunkten, was Ihnen durch den Kopf geht, dann werden Sie am nächsten Tag nichts vergessen.

Am Wochenende und im Urlaub

Das Wochenende und der Urlaub dienen üblicherweise der Erholung. Arbeiten Sie also nicht das ganze Wochenende durch oder sogar während des Urlaubs, sondern gönnen Sie sich eine Auszeit, die Sie Ihrer Familie, Ihrem Hobby oder einfach einem Buch widmen. Ein Ausgleich tut gut und gibt wieder Energie für die alltäglichen Arbeitsaufgaben.

Ausklang

Das Gute-Laune-Haus ist gerade ein rot-weiß gestreifter Leuchtturm hoch oben auf einer Klippe. Von der Küste aus überblickt er weithin das Meer, während er von Möwen umkreist wird und ihm der Wind um die Ohren pfeift.

Die Bedingungen sind nicht immer gut, und doch steht er da und erledigt seine Pflicht mit einem Lächeln, einmütig, tagein, tagaus. Sein Licht ist immer zu sehen. Selbst wenn die warme Luft nach unten sinkt, auf die kühle Wasseroberfläche des Meeres trifft und dichte Nebelschwaden aufsteigen. Die Schiffer sehen das Licht auch dann noch, wenn der Nebel die Sicht verdunkelt. Der Leuchtturm weist ihnen den Weg.

Du kannst gut für dich sorgen und dich wohlfühlen, damit du mit deiner guten Laune die Welt für einen kleinen Moment ein bisschen heller leuchten lässt.

Ich hoffe, dass Sie am Ende dieses Buches viele Inspirationen für sich finden konnten und einiges davon bereits ausprobiert haben. Die Fülle an Möglichkeiten, den Arbeitstag in guter Stimmung zu verbringen, sind nahezu unerschöpflich. Es gibt vielerlei Wege, die Sie dazu beschreiten können. Ich freue mich darüber, wenn einige Gedanken aus diesem Buch Sie bewegt haben und Sie immer wieder einmal zu guter Laune im Arbeitsalltag anregen.

Lassen Sie die Welt ein kleines bisschen heller leuchten.
Ihre Dörthe Huth

Weiterführende Literatur und Links

Becker, Eni; Rinck, Mike: Aufmerksamkeit und Gedächtnis bei Angst und Depression. In: Psychologische Rundschau Nr. 51., April 2000, S. 67–74.

Dreisbach, Gesine: Wie Stimmungen unser Denken beeinflussen. In: Report Psychologie, Nr. 33, 6/2008, S. 289–298.

Ekman, Paul: Gefühle lesen. Wie Sie Emotionen erkennen und richtig interpretieren. Springer, 2. Auflage 2017.

Ellis, Albert: Grundlagen der Rational-Emotiven Verhaltenstherapie. Pfeiffer, 1993.

Engelbrecht, Sigrid: Richtig gute Laune kriegen. Knaur, 2008.

Foulk, Trevor; Woolum, Andrew; Erez, Amir: Catching rudeness is like catching a cold: The contagion effects of low-intensity negative behaviors. In: Journal of Applied Psychology, Vol. 101(1), 2016, S. 50–67.

Gasper, Karen: When necessity is the mother of invention: Mood and problem solving. Journal of Experimental Social Psychology, 39 (3) 2003, S. 248–262.

Gerk, Andrea: Lob der schlechten Laune. Kein & Aber, 2017.

Huth, Dörthe: 30 Minuten Achtsamkeit. GABAL, 2. Auflage 2017.

Huth, Dörthe: Lebensfreude. Belastendes loslassen und der Seele neue Kraft geben. Junfermann, 2016.

Isen, Alice M.; Daubman, Kimberly A.; Nowicki, Gary P.: Positive Affect Facilitates Creative Problem Solving. In: Journal of Personality and Social Psychology, Vol. 52(6), 1987, S. 1122–1131.

Knödler, Thorsten; Merg, Klaus: Überleben im Job. Redline, 2012.

Krys´, Kuba et al: Be careful where you smile: culture shapes judgements of intelligence and honesty of smiling individuals. In: Journal of Nonverbal Behavior, Vol. 40(2), 2016, S. 101–116.

Krys´, Kuba et al: Do only fools smile at strangers? Cultural differences in social perception of intelligence of smiling individuals. In: Journal of Cross-Cultural Psychology, Vol. 45(2), 2014, S. 314–321.

Luthans Fred; Avolio Bruce J., Avey, James B.; Norman S. M.: Positive psychological capital: Measurement and relationship with performance and satisfaction. In: Personnel Psychology, Vol. 60(3), 2007, S. 541–572.

Martínez, Antonio García: Chaos Monkeys: Inside the Silicon Valley Money Machine. Ebury Press, 2017.

Pennebaker, James W.; Beall, Sandra. K.: Confronting a traumatic event: Toward an understanding of inhibition and disease. In: Journal of Abnormal Psychology, Vol. 95 (3), 1986, S. 274–281.

Snyder, Mark; White, Phyllis: Moods and Memories: Elation, depression, and the remembering of the events of one's life. In: Journal of Personality. Vol. 50(2), 1982, S. 149–167.

Walumbwa, Fred. O.; Peterson, Suzanne. J.; Avolio, Bruce J.; Hartnell, Chad A.: An investigation of the relationships among leader and follower psychological capital, service climate, and job performance. In: Personnel Psychology, Vol. 63(4), 2010, S. 937–963.

Links

Sämtliche Links waren am 21.06.2018 gültig.

http://news.ufl.edu/archive/2015/07/its-official-workplace-rudeness-is-contagious.html

http://www.handelsblatt.com/unternehmen/beruf-und-buero/the_shift/studie-zu-unterforderung-ein-arbeitstag-lange-weile-pro-woche/20647830.html

http://www.zeit.de/zeit-wissen/2012/06/Psychologie-Lange-weile-Ablenkung/seite-3

http://www.wirtschaftspsychologie-aktuell.de/

http://www.report-psychologie.de/

Stichwortverzeichnis

228

Über die Autorin

Dörthe Huth vermittelt ganzheitliche Lebenskunst auf leicht verständliche Weise. Mit ihren Büchern lädt sie zum Loslassen, Querdenken und Neudefinieren ein. Zu ihren Büchern gehören u.a. »30 Minuten Achtsamkeit« aus dem GABAL Verlag oder »Lebensfreude« aus dem Junfermann Verlag.

Dörthe Huth hat ein Studium der Germanistik, Psychologie und Computerlinguistik absolviert und mit dem Magister Artium abgeschlossen. Sie ist Heilpraktikerin (Psychotherapie), ECP-Holder (European Certficate of Psychotherapy) und in verschiedenen Verfahren ausgebildet. Die Autorin lebt mit ihrer Familie im idyllischen Dorsten an der Lippe.

Dörthe Huth ist Mitglied im Verband freier Psychotherapeuten, Heilpraktiker (Psychotherapie) und Psychologischer Berater e.V. (VfP) sowie im Verband deutscher Schriftstellerinnen und Schriftsteller (VS).

Kontakt:
Dörthe Huth, M.A.
Römerstraße 2
46284 Dorsten
Tel.: (0 23 62) 7 87 79 90
E-Mail: doerthe.huth@gmx.de
www.doerthe-huth.de